DE SUPERVISEUR À GESTIONNAIRE

TRANSITION FLUIDE DE SUPERVISEUR À GESTIONNAIRE AVEC CONFIANCE

UN GUIDE COMPLET POUR DÉVELOPPER DES COMPÉTENCES ESSENTIELLES EN LEADERSHIP

TR. RALPH

Dédicace à mon fils : RTS

DE SUPERVISEUR À GESTIONNAIRE

TRANSITION FLUIDE DE SUPERVISEUR À GESTIONNAIRE AVEC CONFIANCE

UN GUIDE COMPLET POUR DÉVELOPPER DES COMPÉTENCES ESSENTIELLES EN LEADERSHIP

2024 TR. Ralph®. Tous droits réservés.

Aucune partie de cette publication ne peut être reproduite, distribuée ou transmise sous quelque forme que ce soit ou par quelque moyen que ce soit, y compris la photocopie, l'enregistrement ou d'autres méthodes électroniques ou mécaniques, sans l'autorisation écrite préalable de l'éditeur, sauf dans le cas de courtes citations incluses dans des critiques ou d'autres utilisations non commerciales autorisées par la loi sur le droit d'auteur."

Table des matières

Introduction...6

Partie I : Transition
Comprendre Les Rôles...11
Le Processus De Transition...21
Développement De Carrière...26
Défis Des Nouveaux Leaders...29

Partie II : Compétences Fondamentales
L'État D'Esprit Crucial Pour Réussir...32
Planification Et Organisation...37
Prise De Décision...41
Motivation...45
Développer Votre Équipe...51
Montrer De L'Adaptabilité Et Gérer Le Stress...59

Partie III : Amélioration De La Communication Et Des Relations
Compétences En Communication...67
Établir Et Maintenir Des Relations...76
Encourager Le Travail D'Équipe...85
Confiance...95

Partie IV : Compétences Avancées En Leadership
Soutien Et Influence...102
Travailler Pour Les Résultats...108
Exécution...117
Sécurité Au Travail...127

Partie V : L'Impact Des Décisions, Du Comportement Et De L'Amélioration Continue
L'Impact Des Décisions...133
Comportement, Code Vestimentaire Et Représentation...148
Naviguer Dans Le Changement Et L'Amélioration...161

" DE SUPERVISEUR À GESTIONNAIRE" EST PLUS QU'UN LIVRE; C'EST UNE FEUILLE DE ROUTE COMPLÈTE POUR CEUX QUI ASPIRENT À EXCELLER DANS LEURS RÔLES DE LEADERSHIP. QUE VOUS FASSIEZ VOS PREMIERS PAS DANS UNE POSITION DE SUPERVISEUR OU QUE VOUS PROGRESSIEZ VERS DES NIVEAUX DE GESTION PLUS ÉLEVÉS, CE LIVRE FOURNIT LES OUTILS, LES CONNAISSANCES ET LA CONFIANCE NÉCESSAIRES POUR DIRIGER AVEC EXCELLENCE ET INTÉGRITÉ. CE GUIDE VOUS ACCOMPAGNE ÉTAPE PAR ÉTAPE À TRAVERS TOUS LES ASPECTS DE VOTRE PARCOURS DE LEADERSHIP, COUVRANT LES MOINDRES DÉTAILS POUR VOUS ASSURER D'ÊTRE PLEINEMENT ÉQUIPÉ POUR RÉUSSIR. IL EXPLORE LES NUANCES DES TRANSITIONS DE LEADERSHIP, VOUS AIDANT À COMPRENDRE LES RÔLES ET RESPONSABILITÉS DISTINCTS À CHAQUE ÉTAPE. EN OFFRANT DES STRATÉGIES ET DES PERSPECTIVES PRATIQUES, IL ABORDE LES DÉFIS COMMUNS AUXQUELS LES NOUVEAUX LEADERS SONT CONFRONTÉS, VOUS ASSURANT D'ÊTRE PRÉPARÉ À NAVIGUER EFFICACEMENT À TRAVERS CES OBSTACLES.

INTRODUCTION

Les difficultés que les leaders rencontrent en gravissant les échelons changent d'un niveau à l'autre. Saviez-vous que près de la moitié des nouveaux leaders promus ont du mal à s'adapter à leurs nouveaux rôles? Bien qu'il existe des compétences universelles qui fonctionnent à différents niveaux d'autorité, il arrive aussi que les talents nécessaires pour réussir à un niveau puissent nuire à la performance d'un leader au niveau supérieur. Prenons par exemple des superviseurs qui ont géré avec succès grâce à un style de grande convivialité. Les superviseurs faciles à vivre ont souvent une attitude amicale et abordable, ce qui peut favoriser de bonnes relations avec les membres de leur équipe. Cependant, en tant que gestionnaire, il est nécessaire d'équilibrer cette convivialité avec autorité et décisivité. Il peut être difficile pour quelqu'un habitué à être apprécié par son équipe d'affirmer son autorité et de prendre des décisions difficiles qui ne sont pas toujours populaires.

Les principaux défis rencontrés par les leaders à tous les niveaux sont mis en évidence dans ce livre, tout comme les compétences nécessaires à la réussite.

<u>Voici une liste des problèmes les plus pressants auxquels sont confrontés les leaders d'aujourd'hui qui souhaitent progresser.</u>

Variation des compétences: Chaque rôle nécessite un ensemble différent de compétences et de capacités. Alors qu'un superviseur peut se concentrer davantage sur la supervision des tâches quotidiennes et s'assurer qu'elles sont réalisées efficacement, un surintendant (chef d'équipe) pourrait être plus préoccupé par les opérations à plus grande échelle et la coordination, et un gestionnaire peut avoir à gérer la planification stratégique, le développement de l'équipe et l'allocation des ressources. Passer d'un rôle à l'autre nécessite souvent d'acquérir de nouvelles compétences et de s'adapter à des responsabilités différentes.

Différences hiérarchiques : Les niveaux d'autorité et la portée des responsabilités varient entre ces rôles. Les superviseurs rapportent généralement aux surintendants (chefs d'équipe), qui eux-mêmes peuvent rapporter aux gestionnaires ou aux cadres supérieurs. Monter en grade signifie souvent traiter des préoccupations organisationnelles plus larges, naviguer dans des processus décisionnels plus complexes et gérer des équipes ou des départements plus importants. C'est pourquoi s'ajuster à ces changements hiérarchiques peut être difficile.

Dynamiques interpersonnelles : Chaque rôle implique des relations différentes avec les subordonnés, les pairs et les supérieurs. Les superviseurs ont souvent des interactions plus directes avec les employés de première ligne, tandis que les surintendants et les gestionnaires peuvent avoir besoin de se concentrer sur la construction de relations avec d'autres gestionnaires, cadres et parties prenantes. La transition entre ces rôles nécessite de s'adapter à de nouvelles dynamiques interpersonnelles et à de nouveaux styles de communication.

Attentes et responsabilité : À chaque échelon de la hiérarchie, les attentes et les niveaux de responsabilité augmentent. Les surintendants et les gestionnaires sont généralement tenus responsables non seulement de leur propre performance, mais aussi de celle de leurs équipes ou départements. Passer d'un rôle à l'autre implique de comprendre et de répondre à des attentes plus élevées et d'être responsable de résultats plus larges.

Culture organisationnelle : Différents niveaux au sein d'une organisation ont souvent des cultures et des normes distinctes. Passer d'un rôle à l'autre peut nécessiter de s'adapter à de nouvelles attentes culturelles, à un nouveau vocabulaire et à une meilleure compréhension de "ce qui se passe vraiment". S'adapter à de nouvelles méthodes de prise de décision et de travail peut prendre du temps et des efforts.

Courbe d'apprentissage : La transition entre les rôles implique une courbe d'apprentissage. En d'autres termes, un temps nécessaire pour qu'une personne acquière de la compétence dans un nouveau poste, car les individus doivent se familiariser avec de nouvelles responsabilités, processus et attentes. Ce processus d'apprentissage peut être difficile et nécessiter le soutien et les conseils de mentors, collègues ou programmes de formation.

Votre développement est votre responsabilité : L'amélioration personnelle devient de plus en plus importante dans l'environnement en évolution rapide d'aujourd'hui. Pour de nombreuses entreprises, l'émergence de la nouvelle génération a accéléré ce changement, car les jeunes travailleurs sont impatients d'accepter plus de responsabilités et d'avoir plus d'influence sur leur parcours professionnel et leur développement. Votre carrière est finalement entre vos mains, et vous en êtes le seul responsable. Vous êtes la seule personne qui peut identifier vos intérêts et vos objectifs. Vous êtes la seule personne qui peut tirer parti des opportunités que votre patron a identifiées pour vous. C'est votre responsabilité.

Amélioration personnelle : Pour faire des progrès significatifs dans n'importe quel domaine, il faut y consacrer du temps et des efforts sur une période prolongée. Le développement nécessite non seulement une dévotion personnelle et de l'ingéniosité, mais aussi les contributions et l'encouragement des autres. Lorsque vous passez par le processus de développement de vos compétences, vous pouvez :

a) Définir clairement votre objectif de croissance afin de diriger vos efforts vers un but raisonnable.
b) Avoir une image claire de votre niveau de performance actuel pour mettre en évidence où votre temps et votre attention doivent être consacrés.
c) Créer un plan détaillé avec des actions spécifiques.
d) Mettre en évidence les obstacles possibles, les jalons clés et les délais.
e) Créer un système de soutien composé de personnes et de ressources pour vous aider tout au long du parcours.

f) Développer une méthode pour rester motivé et sur la bonne voie.

Priorisez votre poste actuel d'abord : Pour commencer, réfléchissez à votre situation actuelle. Priorisez les écarts entre votre performance actuelle et les exigences de votre poste lorsque vous prenez des mesures de développement. Considérez tous les aspects de votre travail. Est-ce que tout ce que vous faites est impeccable, ou y a-t-il des domaines dans lesquels vous pourriez vous améliorer? Comment vous en sortez-vous par rapport à vos pairs?
Avez-vous reçu des commentaires dans vos évaluations de performance de la part de vos supérieurs, collègues ou autres, indiquant des domaines à améliorer?
Prendre le temps d'évaluer honnêtement la cause profonde de vos difficultés vous aidera à développer un objectif ciblé et motivant plus rapidement et plus efficacement.

Priorisez vos plans futurs en second : Lorsque vous êtes intéressé par un poste ailleurs dans l'entreprise, recherchez des informations dans les offres d'emploi qui vous aideront à déterminer quelles qualités sont les plus importantes. Pour vous aider à identifier et évaluer vos efforts de développement, il est bon de demander de l'aide à d'autres personnes. Vous pourriez chercher des personnes qui occupent actuellement le poste que vous désirez ou qui possèdent les talents que vous souhaitez développer. Invitez-les à discuter de leurs aspirations à long terme. Apprenez comment elles ont développé et affiné leurs compétences, y compris la formation ou les mentors qu'elles ont eus.

Connaissez ce que vous avez : Une fois que vous avez identifié votre objectif de croissance, vous prendrez conscience de votre niveau de compétence actuel. Cela vous aidera à déterminer comment combler l'écart de performance entre vos compétences actuelles et votre objectif futur. Il existe deux méthodes de base pour accroître la conscience. Premièrement, vous pouvez analyser votre propre ensemble de compétences; deuxièmement, vous pouvez obtenir des commentaires d'autres personnes, comme des supérieurs, des formateurs ou des mentors.

Demandez à votre patron : Une source importante d'informations sur vos compétences actuelles et votre potentiel futur est votre patron. En tant que mentor, il ou elle vous aidera à découvrir vos angles morts et à développer ou renforcer vos points forts pour que vous puissiez être plus productif dans votre travail.
Lors de votre évaluation de performance annuelle avec votre patron, vous avez l'occasion de réfléchir à vos forces et aux domaines à améliorer, tout en formulant une stratégie pour avancer dans votre carrière.

En général, la transition entre les rôles de superviseur, de surintendant et de gestionnaire exige que les individus soient adaptables, proactifs dans l'acquisition de nouvelles compétences et prêts à naviguer dans les complexités des structures et dynamiques organisationnelles. Ce n'est pas nécessairement difficile en soi, mais cela implique des ajustements et une croissance significatifs.

Dans ce livre, vous apprendrez "comment faire la transition" d'un niveau à l'autre, mais plus important encore, à comprendre "quel est votre rôle en tant que leader et comment réussir".

Partie I: Transitions

Les transitions font partie de la vie. Elles sont le pont entre l'ancien et le nouveau, et elles mènent souvent à la croissance et à la transformation.

Susan Wiggs

Comprendre Les Rôles

La transition entre les différents niveaux de leadership au sein d'une organisation implique des rôles et des responsabilités distincts qui contribuent au succès et à l'efficacité globale de l'équipe. Chaque niveau de leadership, des superviseurs aux surintendants en passant par les gestionnaires, a des fonctions spécifiques qui se complètent, garantissant une opération fluide et une croissance continue. Cette prise de conscience vous permet non seulement d'exceller dans votre rôle actuel, mais aussi de vous préparer efficacement aux défis et opportunités à venir. Par exemple, un superviseur passe d'un simple membre d'équipe à un chef d'équipe, prenant la responsabilité de bâtir des relations pour accomplir les tâches efficacement. Ce rôle implique de gérer les conflits de manière efficiente et de résoudre les défis avec succès.

Au niveau du surintendant, le leader sélectionne et dirige une équipe de superviseurs, intègre des intérêts et des idées diversifiés, navigue dans la politique organisationnelle et élabore des plans d'exécution à travers les superviseurs.

Et ensuite, au niveau managérial, le leader définit et priorise les objectifs à long terme et à court terme ainsi que les compromis, établit des stratégies, maintient une communication ouverte avec les autres départements et élève continuellement les normes de performance.

Pour mieux comprendre les rôles, plongeons directement dans le sujet :

SUPERVISEUR

Devient un chef d'équipe au lieu d'être simplement un membre de l'équipe.

La transition d'un **superviseur** de simple membre d'équipe à chef d'équipe marque une évolution significative dans son parcours professionnel. Cette expansion de rôle est essentielle car elle implique non seulement un changement de responsabilités, mais aussi un changement fondamental dans la dynamique du lieu de travail et la responsabilité personnelle. Contrairement aux membres de l'équipe qui se concentrent principalement sur l'exécution des tâches, un superviseur doit prendre en charge l'ensemble de la trajectoire du projet. Cela inclut la planification, la délégation des tâches et la prise de décisions cruciales qui affecteront les résultats du projet et le moral de l'équipe. Et dans un environnement syndiqué, les superviseurs assument une responsabilité supplémentaire : veiller à l'application équitable des procédures établies et des conventions collectives. Cet engagement favorise un environnement de travail positif et renforce la confiance entre les employés et la direction, ajoutant un poids supplémentaire sur les épaules du superviseur.

Peut-être que le rôle le plus influent qu'un superviseur en tant que chef d'équipe peut jouer est celui de modèle. De plus, l'éthique de travail, l'attitude et le professionnalisme du superviseur établissent la norme pour le reste de l'équipe. Et l'engagement envers ces qualités peut inspirer un comportement similaire chez les membres de l'équipe, favorisant une culture d'excellence et d'intégrité.

Construit des relations pour accomplir les tâches

Établir des relations solides est essentiel à l'efficacité d'un **superviseur**. Ces relations peuvent être avec les membres de l'équipe, les pairs, la haute direction, ou même les parties prenantes externes.

Un **superviseur** qui peut naviguer habilement dans ces relations peut améliorer la performance de l'équipe et faciliter une exécution de projet plus fluide. De la même manière, une communication régulière et ouverte aide à établir la confiance et à clarifier les attentes. Cela peut impliquer des réunions structurées ainsi que des conversations plus informelles. De même, la communication ouverte inclut également l'encouragement des retours d'information des autres, ce qui peut mener à des améliorations et des innovations. Les superviseurs efficaces cultivent également un sentiment d'unité et de but parmi les membres de l'équipe. Cela peut inclure des exercices de renforcement d'équipe, des objectifs partagés, et des récompenses collectives. Dans l'ensemble, une équipe cohésive est plus susceptible de surmonter les obstacles et de maintenir des niveaux de productivité élevés. Bien que construire des relations étroites soit important, maintenir des limites professionnelles est tout aussi crucial. Cela garantit que les décisions sont basées sur des critères objectifs plutôt que sur des biais personnels, ce qui aide à préserver l'intégrité du rôle de superviseur.

Gère les conflits efficacement

Les **superviseurs** font inévitablement face à des conflits au sein de leurs équipes. Comme la collaboration peut engendrer des désaccords, maîtriser les compétences en résolution de conflits est primordial. Une résolution efficace des conflits implique une approche équilibrée qui traite le problème tout en maintenant l'harmonie et le moral de l'équipe. En général, l'identification précoce des conflits potentiels — qu'ils proviennent de l'allocation des ressources, des différences personnelles ou des problèmes liés aux tâches — peut les empêcher de s'aggraver.

Cela nécessite une conscience aiguisée des dynamiques de l'équipe et des comportements individuels.

Résout les défis avec succès

La capacité d'un **superviseur** à relever efficacement les défis témoigne de ses compétences en leadership et en résolution de problèmes. La résolution réussie des défis ne fait pas seulement progresser l'équipe, mais renforce également la crédibilité et la confiance parmi les membres de l'équipe. Avant d'aborder un défi, un superviseur doit le comprendre en profondeur, ce qui implique de recueillir des informations, de consulter des experts si nécessaire et d'évaluer les ressources disponibles.

En conclusion, le rôle de superviseur est multifacette et exige une approche dynamique du leadership. Le niveau de superviseur marque le début de vos futurs rôles. Votre succès en tant que superviseur est un excellent indicateur de ce qui vous attend.

SURINTENDANT (CHEF D'ÉQUIPE)

Sélectionne et dirige une équipe de supervision

La responsabilité fondamentale d'un **surintendant** est de constituer et de diriger une équipe de supervision capable de mettre en œuvre efficacement les objectifs de l'organisation. Cela implique d'identifier les leaders potentiels qui possèdent non seulement les compétences techniques nécessaires, mais qui incarnent aussi les qualités de leadership en accord avec les valeurs et la culture de l'organisation. Ce processus de sélection est minutieux et évalue les candidats sur leur performance passée, leur potentiel de leadership et leur capacité à travailler en collaboration. Cependant, une fois l'équipe en place, le surintendant assume le rôle de mentor et de guide, créant un environnement où les superviseurs sont habilités à prendre des décisions et encouragés à développer leurs styles de leadership dans le cadre des objectifs de l'organisation.

Intègre différents intérêts et idées

Un rôle clé du **surintendant** est de synthétiser divers intérêts et idées en une vision stratégique cohérente.
Cela nécessite une compréhension approfondie des différentes parties prenantes impliquées, y compris les employés, la direction et les partenaires externes, ainsi que la capacité à naviguer entre les opinions et les priorités divergentes. En facilitant le dialogue ouvert et en encourageant les processus de décision inclusifs, le surintendant veille à ce que toutes les voix soient entendues et valorisées.

Cette approche collaborative enrichit non seulement les phases de planification et de mise en œuvre, mais construit également une équipe plus forte et plus engagée. La stratégie résultante bénéficie des idées et de l'expertise collectives de tout le groupe, conduisant à des résultats plus innovants et efficaces.

Gère les politiques de supervision

Le domaine des politiques de supervision implique de naviguer dans les dynamiques interpersonnelles et interdépartementales complexes qui peuvent influencer la prise de décision et l'efficacité organisationnelle. Un **surintendant** doit gérer habilement ces dynamiques pour maintenir l'harmonie et faire avancer l'agenda de l'organisation. Cela inclut la médiation des conflits, l'équilibre des structures de pouvoir et la garantie de la transparence dans les communications.

En cultivant un climat politique qui valorise l'intégrité et l'équité, le surintendant aide à prévenir les agendas personnels et les luttes de pouvoir qui peuvent saper les objectifs collectifs. Sans aucun doute, une gestion efficace des politiques de supervision renforce une culture de confiance et de coopération essentielle à toute organisation prospère.

Élabore des plans d'exécution à travers les superviseurs

Des plans d'exécution clairs combleront le fossé entre les objectifs stratégiques et les étapes concrètes. Les **surintendants** jouent un rôle crucial dans ce processus. Ils agissent comme le pivot, garantissant que les objectifs de haut niveau sont traduits en opérations pratiques et quotidiennes. En élaborant des plans d'exécution bien définis, ils permettent aux équipes de comprendre et de mettre en œuvre efficacement les objectifs stratégiques à tous les niveaux de l'organisation. Cela permet à chacun de contribuer de manière significative à la réalisation de la vision globale de l'organisation.

Le **surintendant** développe des plans d'action détaillés qui délimitent les responsabilités, les délais et les ressources, lesquels sont communiqués aux superviseurs pour exécution. Cette approche structurée aide à maintenir la clarté et la concentration à tous les niveaux de l'organisation, facilitant la surveillance et la coordination efficaces des tâches.

En conséquence, les superviseurs, équipés de directives et d'objectifs clairs, sont mieux préparés à gérer leurs équipes et à atteindre les résultats souhaités.

De plus, en révisant régulièrement ces plans avec les superviseurs, le surintendant peut évaluer les progrès, apporter les ajustements nécessaires et fournir le soutien requis pour maintenir l'organisation sur la voie de ses objectifs.

GESTIONNAIRE

Définit et priorise les objectifs et compromis à long terme et à court terme

Un rôle crucial d'un **gestionnaire** est de définir des objectifs clairs qui s'alignent avec la mission globale de l'organisation et de les décomposer en objectifs à court terme et à long terme réalisables. Cette priorisation stratégique assure que les ressources sont allouées efficacement et que l'équipe reste concentrée sur les tâches les plus impactantes. De plus, la capacité à faire des compromis lorsque nécessaire — en équilibrant les résultats idéaux avec les contraintes pratiques — permet à un gestionnaire de naviguer les défis avec flexibilité et de maintenir le progrès.

Cet exercice d'équilibre nécessite une compréhension approfondie des priorités de l'organisation et une capacité à négocier et ajuster les plans au fur et à mesure que les scénarios évoluent, assurant ainsi une progression soutenue vers les objectifs malgré les obstacles inévitables.

Établit la stratégie

Établir une stratégie implique non seulement de fixer des objectifs, mais aussi de décider du meilleur chemin pour atteindre ces objectifs. Un **gestionnaire** doit considérer diverses alternatives stratégiques et choisir l'approche qui s'aligne de manière optimale avec les forces de l'organisation et l'environnement externe. Ce processus inclut une analyse de marché approfondie, une évaluation des risques et une évaluation des ressources pour formuler un plan d'action complet qui guide toute l'équipe. En articulant clairement cette stratégie et la logique qui la sous-tend, le gestionnaire s'assure que tous les membres de l'équipe sont unifiés et motivés, comprenant leur rôle dans le contexte plus large des ambitions de l'organisation.

Ouverture et communication avec les autres départements

Les **gestionnaires** efficaces comprennent que l'ouverture et la communication proactive avec les autres départements sont essentielles au succès de l'organisation. En promouvant une culture de transparence, les gestionnaires veillent à ce que l'information circule librement à travers les frontières départementales, ce qui renforce la collaboration et l'innovation. Les interactions et mises à jour régulières entre les départements peuvent prévenir les silos et garantir que les différentes parties de l'organisation travaillent en cohésion vers des objectifs communs. En fin de compte, cette ouverture améliore non seulement l'efficacité, mais contribue également à une structure organisationnelle plus adaptable et agile, où les réponses aux changements externes sont rapides et éclairées par une compréhension globale des défis et des capacités de l'organisation.

Élève les normes

Un leadership efficace repose sur la capacité à établir et à élever continuellement les normes de performance. Les **gestionnaires** jouent un rôle crucial dans ce processus. En définissant des objectifs stratégiques et en encourageant le développement professionnel, ils créent un environnement de travail où dépasser les attentes devient une force motrice. Cette focalisation sur l'amélioration continue permet aux équipes d'atteindre leur plein potentiel et de contribuer de manière significative au succès global de l'organisation. Cela implique de fixer des objectifs ambitieux mais réalisables, de fournir les ressources nécessaires pour réussir et de favoriser un environnement qui récompense l'innovation et l'excellence.

De plus, encourager le développement professionnel et l'apprentissage continus aide à maintenir une culture de haute performance, résiliente aux changements du marché et aux avancées technologiques. Ce faisant, les gestionnaires s'assurent que leurs équipes ne deviennent pas complaisantes, mais qu'elles sont motivées à s'améliorer et à exceller continuellement.

Maintenir une vision globale

Dans le monde interconnecté d'aujourd'hui, il est essentiel pour les **gestionnaires** de maintenir une vision globale. Cela signifie penser au-delà des considérations locales ou immédiates pour comprendre comment les tendances et dynamiques mondiales pourraient impacter l'organisation. Un gestionnaire avec une vision globale prend en compte les marchés internationaux, les différences culturelles et les facteurs économiques mondiaux lors de l'exécution de stratégies.

Cette perspective large aide à identifier de nouvelles opportunités et menaces au-delà des frontières traditionnelles et à élaborer des stratégies robustes adaptées à différentes conditions géographiques et de marché. Une telle vision du monde est cruciale pour garantir que l'organisation non seulement survive, mais prospère dans le marché mondial compétitif.

Le Processus De Transition

Montrez votre intention de progresser !

Un secret souvent négligé pour progresser dans sa carrière au sein de toute organisation est d'exprimer proactivement ses ambitions. C'est un concept simple mais puissant : <u>si vous ne faites pas part de votre désir de croissance, votre potentiel de promotion pourrait passer inaperçu</u>. En communiquant clairement vos aspirations professionnelles, vous prenez le contrôle de votre parcours et vous vous positionnez pour de futures opportunités. N'ayez pas peur de plaider votre cause – cela démontre votre initiative et votre engagement envers le succès de l'entreprise. De plus, en communiquant proactivement votre désir d'avancer, vous montrez clairement que vous êtes à la fois capable et désireux de relever de nouveaux défis, ce qui garantit que vous serez pris en compte lorsque des opportunités de promotion se présenteront. Cependant, vous devez également prouver par vos actions, et non seulement par vos paroles, que vous méritez cette opportunité. Pour être considéré, il est crucial de démontrer constamment votre valeur ainsi que quelques autres qualités :

Tout d'abord, **démontrez une excellence constante dans votre rôle actuel**. Cela implique non seulement de répondre aux attentes, mais de les dépasser et de fournir des résultats de haute qualité de manière constante. Montrez votre capacité à gérer les responsabilités de manière efficace et à être un atout fiable pour votre équipe.

Ensuite, **cherchez des opportunités de développement professionnel.** Cela peut inclure la prise de responsabilités supplémentaires, la participation à des ateliers ou sessions de formation pertinente, et le maintien à jour avec les tendances de l'industrie. En améliorant vos compétences et vos connaissances, vous devenez un candidat plus précieux pour des postes plus élevés.

Par exemple, John, un spécialiste du support informatique, s'est inscrit à des cours avancés de cybersécurité pour améliorer ses compétences. Il a également assisté à des conférences et ateliers de l'industrie pour se tenir au courant des dernières tendances. En obtenant des certifications pertinentes et en démontrant ses nouvelles connaissances à travers l'amélioration des protocoles de sécurité dans son entreprise, John s'est imposé comme le choix évident pour le poste d'analyste senior en informatique lorsqu'il est devenu disponible.

Se constituer un réseau professionnel solide au sein de l'entreprise. Établissez des relations avec des collègues, des mentors et des dirigeants de différents départements. Le réseautage peut offrir des informations précieuses sur le fonctionnement interne de l'entreprise et vous rendre plus visible aux décideurs.

Par exemple, Sarah, une chargée de compte, a pris l'initiative de participer à des événements de l'entreprise et de rejoindre des projets transversaux. Elle a développé des relations solides avec des collègues de différentes équipes et a recherché des mentors parmi les dirigeants seniors. Lorsqu'un poste de chef d'équipe s'est ouvert, son réseau bien établi et sa réputation de collaboratrice lui ont permis d'obtenir le rôle.

En outre, et plus important que tout, **communiquez vos aspirations professionnelles à votre boss**. Votre supérieur actuel est votre meilleur ambassadeur pour vous recommander et vous promouvoir. Plutôt que de mentionner vos objectifs de carrière lors d'une conversation informelle, planifiez une réunion dédiée avec votre manager, que ce soit lors des évaluations de performance ou lors d'une réunion en tête-à-tête. Exprimez clairement votre intérêt à progresser au sein de l'entreprise. Demandez des retours sur les domaines à améliorer et créez un plan de développement pour aborder ces points. De plus, venez à cette réunion avec une compréhension claire de vos réalisations, de vos forces et de vos domaines de croissance. Soyez précis quant à vos aspirations professionnelles et expliquez comment elles s'alignent avec les objectifs de l'entreprise.

Exposez les raisons pour lesquelles vous êtes passionné par le parcours souhaité et comment vous envisagez que votre progression profite à l'organisation.

Par exemple, Claire, une spécialiste du marketing, a planifié une réunion dédiée avec son manager pour discuter de ses aspirations professionnelles. Elle a présenté ses réalisations, ses forces et ses domaines de croissance, et a élaboré un plan de développement pour progresser vers un poste de gestionnaire. Sa clarté, son engagement et sa vision alignée avec les objectifs de l'entreprise ont convaincu son manager de soutenir sa progression vers un rôle de leadership.

Demandez des retours constructifs et des conseils à votre manager sur les compétences ou les expériences que vous devez encore développer. De même, exprimez votre volonté de relever de nouveaux défis ou de prendre des responsabilités supplémentaires qui peuvent vous aider à acquérir l'expérience nécessaire. Proposez ensuite la création d'un plan de développement qui détaille vos objectifs à court et à long terme, y compris les étapes concrètes et les échéances. De la même manière, démontrez votre engagement envers votre croissance professionnelle en faisant régulièrement le point avec votre manager pour discuter de vos progrès et de tout soutien supplémentaire dont vous pourriez avoir besoin. Cette communication continue montre votre dévouement et aide à maintenir le cap sur votre développement de carrière.

De plus, **prenez l'initiative de résoudre les problèmes et de proposer des idées innovantes**. Montrez que vous pouvez penser stratégiquement et contribuer à la croissance de l'entreprise. Prendre la tête de projets ou suggérer des améliorations démontre votre capacité à assumer des responsabilités plus importantes.

Par exemple, Emily, une designer de produits, a remarqué des inefficacités dans le processus de développement de produits. Elle a pris l'initiative de rechercher et de proposer un nouvel outil de gestion de projet qui a rationalisé la communication et la répartition des tâches.

En dirigeant avec succès la mise en œuvre de cet outil et en démontrant ses avantages, Emily a montré son sens stratégique et son potentiel de leadership, ce qui a conduit à sa promotion au poste de responsable de la conception des produits.

Enfin, **soyez patient et persévérant**. L'avancement professionnel peut prendre du temps, et il peut y avoir des personnes avant vous dans la file d'attente, mais en travaillant constamment vers vos objectifs, en restant proactif et en maintenant une attitude positive, vous verrez finalement vos efforts porter leurs fruits.

Par exemple, David, un représentant du service clientèle, cherchait constamment des moyens d'améliorer ses compétences et de contribuer à son équipe. Malgré plusieurs revers et sachant qu'il y avait des personnes devant lui avec plus d'ancienneté, il est resté dévoué à son développement professionnel. Avec le temps, sa persévérance a payé et il a finalement été promu responsable du service clientèle. Le parcours de David a mis en évidence l'importance de la résilience et de l'engagement à long terme pour la croissance de sa carrière.

Au-delà des raisons évidentes d'atteindre un poste plus élevé à tous les niveaux, voici quelques motivations supplémentaires **pour lesquelles vous devriez progresser dans les rangs.**

Élargir votre champ de responsabilités et d'impact

À mesure que vous passez d'un niveau de leadership d'équipe à un autre, le champ de vos responsabilités s'élargit et votre impact sur l'organisation devient plus significatif. Cette évolution ne se résume pas à une augmentation du nombre de tâches que vous supervisez, mais représente une transformation profonde de la nature de votre rôle et de l'influence que vous exercez au sein de l'entreprise. Cela va bien au-delà de la prise en charge de projets supplémentaires ou de la gestion de plus grandes équipes. Il s'agit d'un approfondissement stratégique de votre implication dans les opérations principales de l'entreprise et d'un passage vers des processus de prise de décision plus complexes.

En gravissant les échelons du leadership, votre attention se déplace de la gestion des tâches quotidiennes à la prise de décisions stratégiques à long terme qui orienteront la direction de l'organisation. Dans ce nouveau rôle supérieur, vous devez intégrer divers flux d'informations provenant de l'ensemble de l'entreprise pour guider ces décisions. Cela signifie non seulement répondre aux besoins immédiats de votre propre équipe, mais aussi comprendre comment ils s'inscrivent dans les objectifs globaux de l'organisation. Vos décisions auront désormais un impact potentiel sur plusieurs départements et parties prenantes, nécessitant une approche holistique de la gestion.

Améliorer votre impact au sein de l'organisation

Avec de plus grandes responsabilités vient l'opportunité de créer un impact plus important. Cet impact accru peut se manifester de plusieurs façons. Tout d'abord, en tant que leader plus avancé, vous avez une place à la table où les décisions commerciales les plus cruciales sont prises. Vos idées et opinions peuvent influencer de manière significative les stratégies et les politiques de l'organisation. Vous avez le pouvoir de définir des normes de comportement et d'éthique au sein de l'entreprise. L'exemple que vous donnez peut soit renforcer une culture de travail positive, soit la saper, affectant ainsi l'engagement et la productivité des employés. De plus, à un niveau supérieur, vous êtes également mieux positionné pour promouvoir des idées innovantes et pousser pour des changements qui peuvent conduire à des améliorations significatives dans la façon dont l'organisation fonctionne. Passer d'un niveau de leadership à un autre est un voyage passionnant, bien que difficile. Cela nécessite un nouvel ensemble de compétences et une meilleure compréhension des dynamiques complexes au sein d'une grande organisation. Votre capacité à gérer efficacement ces responsabilités élargies influencera non seulement votre carrière, mais aussi le succès de l'entreprise dans son ensemble. En relevant ces défis et en cherchant continuellement à croître personnellement et professionnellement, vous pouvez vous assurer que votre influence au sein de l'organisation soit à la fois positive et profonde.

Développement De Carrière

Créer un plan

Embarquer dans une transition de leadership commence par une étape fondamentale : élaborer un plan détaillé. Ce plan doit définir clairement vos objectifs de transition, identifier les compétences et les connaissances que vous devez acquérir, et énoncer les actions spécifiques que vous entreprendrez pour atteindre ces objectifs. Il est important de fixer des étapes à court terme ainsi que des objectifs à long terme et de prendre en compte les défis potentiels et comment les surmonter. Votre plan servira de feuille de route, vous aidant à naviguer à travers les complexités de l'accès à un rôle de leadership, en veillant à ce que vous couvriez tous les aspects nécessaires de manière systématique.

Chercher du Soutien

La transition vers un rôle de leadership peut être intimidante, et chercher du soutien auprès de mentors, de pairs ou d'un coach professionnel peut être extrêmement bénéfique. Ces personnes peuvent vous fournir des idées précieuses, des conseils et des encouragements. Elles peuvent vous aider à comprendre les nuances d'un leadership efficace dans votre contexte spécifique et offrir des conseils basés sur leurs propres expériences. Les réseaux de soutien servent également de caisse de résonance pour vos idées et préoccupations, vous offrant des perspectives diversifiées qui peuvent améliorer vos compétences en prise de décision et renforcer votre confiance.

Mesurer les progrès

Alors que vous mettez votre plan en œuvre, il est essentiel de mesurer régulièrement vos progrès. Cela signifie évaluer l'efficacité avec laquelle vous acquérez les compétences nécessaires et atteignez les étapes établies. Une évaluation régulière vous aide à rester sur la bonne voie et à apporter les ajustements nécessaires à votre stratégie.

Elle vous permet également de réfléchir à votre apprentissage et à votre croissance, ce qui est essentiel pour une amélioration continue. En établissant des critères spécifiques de succès pour chaque étape de votre plan, vous pourrez voir plus clairement ce qui fonctionne, ce qui ne fonctionne pas et à quel point vous êtes proche d'atteindre vos objectifs de leadership.

Apprenez de l'expérience professionnelle

L'un des meilleurs moyens de se préparer à un rôle de leadership est d'apprendre activement de vos expériences professionnelles actuelles. Acceptez des projets qui vous mettent au défi et vous permettent d'acquérir de nouvelles compétences. Cherchez des opportunités qui vous exposent à des tâches de leadership, telles que la gestion d'une équipe, la coordination d'un projet ou la représentation de votre département lors de réunions d'entreprise. L'expérience pratique est inestimable, car elle améliore non seulement vos compétences, mais elle vous aide également à comprendre les défis pratiques de la direction d'une équipe.

Apprendre des autres

Observer et apprendre des expériences des autres leaders est une autre façon efficace de se préparer à votre transition. Cela peut inclure l'étude des styles de leadership de vos supérieurs ou d'autres leaders respectés au sein ou en dehors de votre organisation. Faites attention à la manière dont ils gèrent la prise de décision, la résolution de conflits, la motivation de l'équipe et d'autres aspects clés du leadership. Vous pouvez également apprendre des erreurs et des succès de ces leaders à travers des études de cas, des biographies et des histoires réelles pour obtenir des informations sur ce qui pourrait fonctionner ou non dans votre propre approche du leadership.

Éducation

L'éducation et la formation formelles peuvent également jouer un rôle crucial dans la préparation à une transition vers un poste de leadership. Cela peut impliquer de suivre des cours en gestion et leadership, d'assister à des ateliers ou de participer à des conférences et séminaires pertinents. Ces opportunités éducatives vous fournissent des connaissances théoriques et des compétences pratiques en leadership. Elles vous tiennent également informé des dernières tendances et meilleures pratiques en matière de leadership et de gestion que vous pouvez appliquer dans votre nouveau rôle.

En créant un plan détaillé, en cherchant du soutien, en mesurant vos progrès, en acquérant une expérience pratique, en apprenant des autres et en poursuivant une éducation formelle, vous pouvez développer les compétences nécessaires et la confiance pour réussir dans un rôle de leadership et prospérer.

Défis Des Nouveaux Leaders

Gérer la pression accrue, déléguer efficacement et gérer vers le haut.

Lors de la transition vers un niveau de responsabilité plus élevé dans un rôle de leadership, les professionnels sont confrontés à un ensemble unique de défis qui mettent à l'épreuve leur détermination, leur adaptabilité et leurs compétences. Comprendre ces défis et s'y préparer peut améliorer de manière significative l'efficacité et faciliter la transition.

La première étape d'une transition réussie est de reconnaître que les défis sont une partie inévitable du passage à un poste plus senior. Ces défis proviennent souvent d'attentes et de responsabilités accrues qui nécessitent de nouvelles compétences et une plus grande étendue de connaissances.

Les défis en matière de gestion peuvent aller de la prise en charge d'une équipe plus importante à la gestion de projets complexes ayant un impact plus large sur le succès de l'entreprise. En bref, il est essentiel d'aborder ces défis avec une mentalité proactive, en cherchant à identifier les problèmes potentiels tôt et à développer des stratégies pour les résoudre.

Pression accrue

Avec de plus grandes responsabilités vient une pression accrue pour performer. Cette pression peut se manifester de plusieurs façons, notamment par des délais plus serrés, des décisions à enjeux plus élevés et une plus grande surveillance de la part de la direction et des parties prenantes. Pour faire face à cette pression accrue, il est crucial de maintenir une concentration claire sur vos objectifs et priorités.

Des stratégies efficaces de gestion du stress, telles que la résolution structurée des problèmes, une communication régulière avec votre équipe et vos pairs, et la gestion du temps, peuvent aider à atténuer l'impact de cette pression. De plus, maintenir un équilibre entre vie professionnelle et vie personnelle est essentiel pour soutenir votre performance à long terme sans vous épuiser.

Savoir déléguer efficacement

Parmi les compétences les plus cruciales pour une gestion réussie figure l'art de la délégation. Maîtriser cette compétence non seulement rationalise votre charge de travail, mais aussi donne à vos membres d'équipe les moyens d'assurer une transition en douceur lorsque vous assumez des responsabilités plus élevées. Déléguer efficacement va au-delà de la simple attribution de tâches. Il s'agit de fournir à votre équipe les ressources nécessaires et l'autorité pour exceller dans leurs tâches assignées. Cela crée un sentiment de responsabilité et d'engagement, conduisant à une main-d'œuvre plus productive et autonome. Vous devez adapter les tâches aux compétences et capacités des membres de l'équipe et veiller à ce qu'il y ait une communication claire sur les attentes et les résultats.

Cela aide non seulement à gérer la charge de travail accrue, mais aussi à développer les capacités et la confiance de votre équipe, ce qui est crucial pour la croissance globale de l'organisation.

Gérer vers le haut

Gérer vers le haut est une compétence essentielle pour quiconque occupe un rôle de gestion en transition. Cela implique de gérer votre relation avec vos propres supérieurs de manière à encourager le respect et la compréhension mutuels. Une gestion efficace vers le haut comprend la mise à jour régulière de vos supérieurs sur les progrès, la transparence concernant les défis rencontrés et la recherche de conseils lorsque cela est nécessaire.

Cela implique également de défendre les besoins de votre équipe et de veiller à ce que la direction comprenne et soutienne votre vision stratégique ainsi que les exigences opérationnelles nécessaires pour l'atteindre.

En suivant ces pratiques, vous pouvez instaurer la confiance et la collaboration avec vos supérieurs, propulsant ainsi votre équipe et vous-même vers l'atteinte de vos objectifs.

Partie II: Compétences Fondamentales

Que vous pensiez pouvoir le faire ou non, vous avez raison.

Henry Ford

L'État D'Esprit Crucial Pour Réussir

Avez-vous déjà ressenti un découragement face à un échec en pensant "Je ne suis tout simplement pas doué pour ça" ? Ou peut-être avez-vous vu quelqu'un relever un défi avec l'attitude "C'est difficile, mais je peux apprendre !" Ces perspectives contrastées mettent en évidence le pouvoir des états d'esprit, un concept introduit par la célèbre psychologue Carol Dweck. Née en 1947, les recherches approfondies de Dweck sur la motivation examinent comment nos croyances sous-jacentes sur l'intelligence et l'apprentissage peuvent avoir un impact significatif sur notre réussite. Explorons les deux états d'esprit qu'elle identifie et comment ils peuvent influencer votre croissance personnelle et professionnelle.

Un "État d'Esprit Fixe" ou un "de Croissance"

Selon Dweck, ceux qui ont un état d'esprit fixe croient que leur intelligence, leurs capacités et leurs talents sont des traits statiques qui ne peuvent pas être changés de manière significative. Ils considèrent souvent les défis et les obstacles comme des menaces, les évitant pour prévenir l'échec ou l'apparence d'incompétence.

Les personnes avec cet état d'esprit voient l'effort comme inutile ou même contre-productif, croyant que sans capacités naturelles, il n'y a rien d'autre à faire. Ils ont également tendance à prendre les critiques personnellement et se sentent menacés par le succès des autres, ce qui peut conduire à des sentiments d'envie et d'insécurité. En fin de compte, un état d'esprit fixe peut sévèrement limiter la croissance personnelle et le potentiel en décourageant l'apprentissage, la résilience et la volonté de relever de nouveaux défis.

En revanche, les individus avec un état d'esprit de croissance croient que leur intelligence, leurs capacités et leurs talents peuvent être développés grâce à la dédication, à l'effort et à l'apprentissage. Ils accueillent les défis, les considérant comme des opportunités pour développer leurs capacités et leurs connaissances. Ceux avec un état d'esprit de croissance persistent face aux revers, reconnaissant l'effort comme une partie essentielle de leur développement. Ils considèrent les critiques comme des retours constructifs qui peuvent mener à des améliorations et trouvent de l'inspiration dans le succès des autres, l'utilisant comme une opportunité d'apprentissage. En adoptant un état d'esprit de croissance, les gens s'ouvrent à des possibilités infinies pour l'avancement personnel et professionnel, évoluant continuellement et améliorant leurs compétences et leur compréhension. Cet état d'esprit vous prépare à une approche résiliente et proactive de la vie et de l'apprentissage, en faisant un outil puissant pour atteindre un succès durable et épanouissant.

Les recherches révolutionnaires de Carol Dweck sur l'état d'esprit de croissance présentent une approche transformative qui peut influencer significativement le potentiel d'un individu pour la croissance personnelle et professionnelle. L'état d'esprit de croissance, caractérisé par la croyance que les capacités et l'intelligence peuvent être développées, est particulièrement crucial pour les rôles de leadership au sein d'une entreprise. Un chef d'équipe peut adopter et cultiver un état d'esprit de croissance en intégrant plusieurs pratiques clés dans son style de leadership et sa stratégie globale de développement professionnel.

Alors, comment pouvons-nous adopter l'"état d'esprit de croissance" ?

Relever les Défis : Les chefs d'équipe devraient considérer les nouveaux projets, rôles et défis non pas comme des menaces, mais comme des opportunités inestimables d'apprendre et d'élargir leurs compétences. Aborder chaque nouvelle entreprise avec curiosité et une volonté d'explorer de nouvelles stratégies peut améliorer considérablement la croissance personnelle et les performances de l'équipe.

Persévérer à Travers les Obstacles : Rencontrer des revers est un aspect inévitable de tout parcours professionnel, surtout dans les rôles de leadership. Reconnaître que les obstacles peuvent servir de tremplins dans votre processus d'apprentissage est crucial. Lorsque vous prenez le temps d'analyser les échecs, de comprendre ce qui a mal tourné et comment améliorer, vous construisez non seulement la résilience mais aussi améliorez vos capacités. Ce processus sert de puissant exemple pour votre équipe, démontrant que la croissance découle souvent du dépassement des défis.

Valoriser l'Effort : Dans un environnement orienté vers la croissance, l'accent est mis non seulement sur la célébration des succès, mais aussi sur la reconnaissance de la valeur de l'effort persistant et de l'engagement envers l'amélioration continue. En célébrant ces efforts, une culture est cultivée où la persévérance est perçue comme un chemin direct vers la maîtrise, encourageant l'équipe à rester dévouée et motivée, même face aux défis.

Chercher et Fournir des Retours Constructifs : Les retours constructifs sont une pierre angulaire de l'état d'esprit de croissance. Chercher activement des retours sur ses propres performances et fournir des retours réfléchis et développants aux autres favorise un environnement d'amélioration continue et de communication ouverte.

Apprendre du Succès des Autres : Au lieu de considérer les succès des collègues comme une menace, les voir comme une source d'inspiration et d'apprentissage est vital. Analyser ce qui a contribué à leur succès peut fournir des idées précieuses qui peuvent être adaptées à sa propre stratégie de croissance.

Cultiver une Culture d'Équipe d'Apprentissage : Créer un apprentissage et un développement continus est essentiel. En facilitant le partage des connaissances et en fournissant des ressources et des opportunités de croissance professionnelle, un leader maintient un environnement qui valorise la curiosité et l'apprentissage proactif.

Investir dans le Développement Personnel : Les leaders doivent également s'engager dans leur propre apprentissage continu en participant à des activités de développement professionnel, en se tenant au courant des tendances de l'industrie et en améliorant leurs compétences en leadership. Cette croissance personnelle améliore non seulement leurs capacités mais donne également un fort exemple pour leur équipe.

Adapter et Innover : Encourager la pensée créative et l'innovation au sein de l'équipe aide à explorer de nouvelles possibilités et à améliorer les solutions. Cette pratique soutient l'adaptabilité et la résilience de l'entreprise dans un paysage commercial en constante évolution.

Mentorat et Réseautage : S'engager avec des mentors qui incarnent l'état d'esprit de croissance peut fournir des conseils inestimables. Offrir les mêmes conseils aux autres non seulement construit un réseau de soutien au sein de l'entreprise, mais enrichit également la compréhension et l'expertise du mentor.

Réfléchir aux Progrès : La réflexion régulière sur les réalisations et les domaines d'amélioration aide à fixer des objectifs clairs et à identifier de nouveaux domaines de développement. Cette réflexion assure que la croissance reste une quête constante et aide à s'aligner sur les objectifs de l'entreprise.

En adoptant ces pratiques, un chef d'équipe peut exploiter efficacement un état d'esprit de croissance pour non seulement avancer sa propre carrière, mais aussi améliorer la dynamique et la productivité de son équipe. Cette approche holistique du leadership et du développement souligne l'importance de l'apprentissage continu, de l'adaptabilité et de la recherche de l'excellence — des qualités indispensables pour un leadership réussi.

Planification Et Organisation

La planification et l'organisation sont des plans essentiels qui vous aident à atteindre vos objectifs globaux. Les bons leaders savent comment construire ces plans et établir des mécanismes pour assurer une collaboration efficace. Sans une planification adéquate, vous risquez de refaire des tâches, de perdre de la motivation ou de ne pas atteindre vos objectifs. Différents rôles organisationnels, tels que les superviseurs, les surintendants et les gestionnaires, ont chacun des responsabilités de planification uniques qui contribuent au succès de l'organisation.

Les **superviseurs** sont essentiels pour planifier le travail efficacement, établir des couches de planification d'action et coordonner les tâches à travers les fonctions en séquençant et en fixant des dates limites. Ils doivent avoir un sens aigu pour anticiper les problèmes et identifier les ressources pour y faire face. En initiant des méthodes pour évaluer les progrès, telles que la fixation de délais, de limites de temps et de budgets, les superviseurs assurent que les délais des projets et les contraintes financières sont respectés. Cette approche proactive distingue les grands superviseurs, garantissant que les projets restent sur la bonne voie et dans les délais, conduisant finalement à des résultats efficaces et efficients.

Les **surintendants** jouent un rôle crucial en établissant des estimations réalistes des ressources nécessaires, telles que le personnel et le budget, pour atteindre les objectifs de travail. Leur expertise réside dans la notation et la catégorisation des risques et des variables dans les plans, ce qui aide grandement à la résolution proactive des problèmes. En établissant des délais clairs et réalisables, ils créent des stratégies qui trouvent un équilibre entre la planification à long terme et la satisfaction des demandes immédiates de l'entreprise. Ce double objectif assure que les objectifs stratégiques sont continuellement poursuivis sans négliger les opérations quotidiennes essentielles à la stabilité et à la croissance de l'entreprise. Avec leur capacité à prévoir les obstacles potentiels et à y faire face de manière proactive, les surintendants contribuent à l'intégration harmonieuse de la vision stratégique et de l'efficacité opérationnelle.

Les **gestionnaires** ont pour tâche de traduire les stratégies générales en cibles spécifiques et en plans d'action. Ils créent ou ajustent les routines actuelles de leurs départements pour les aligner sur les objectifs stratégiques. Cela implique de garantir l'intégration et l'alignement des activités à travers diverses fonctions et emplacements au sein du département, en tenant compte du personnel, du budget et de la productivité. Les gestionnaires jouent un rôle clé en adaptant les structures départementales pour mieux répondre aux objectifs stratégiques et réagir aux conditions changeantes.

Planification et organisation EN PROFONDEUR

Planification de Travail Efficace

La planification implique de créer un emploi du temps et de s'y tenir, d'évaluer son adhésion à ce plan et d'identifier les domaines à améliorer. Reconnaître la valeur de son temps et lui attribuer une valeur monétaire peut aider à prioriser les tâches offrant le plus grand retour sur investissement. Les gestionnaires sont encouragés à revoir périodiquement leurs horaires pour identifier les pertes de temps et optimiser la productivité en alignant les tâches sur leurs moments les plus productifs de la journée ou de la semaine.

Établissement de Couches de Planification d'Action

La planification d'action implique de créer une liste de tâches détaillée et de s'y tenir. Fixer des objectifs pour l'ensemble du projet et pour ses sous-tâches aide à gérer la progression du projet de manière efficace. Impliquer les membres de l'équipe dans le développement d'un système de mesure visuelle régulièrement mis à jour garantit que les priorités clés sont toujours au centre et que toute l'équipe est alignée sur les objectifs du projet.

Coordination des Tâches Entre Fonctions

Une coordination efficace comprend l'identification des tâches nécessaires et des ressources requises pour les projets à venir. Développer un plan directeur aide à suivre plusieurs tâches simultanées et à gérer l'allocation des ressources pour éviter la surcharge. Recueillir les contributions de toutes les parties concernées garantit que les besoins de chacun sont intégrés dans les plans départementaux, améliorant la cohérence et l'exécution globales du projet.

Anticipation des Problèmes

La gestion proactive implique d'anticiper les problèmes potentiels et de planifier les ressources et les contingences de personnel pour atténuer les risques. Des discussions régulières sur les objectifs à moyen et long terme avec les supérieurs aident à aligner les objectifs du projet sur ceux de l'organisation et à se préparer aux facteurs échappant à son contrôle.

Évaluation des Progrès

Initier des méthodes d'évaluation des progrès, telles que la surveillance du budget et la définition de métriques de performance, aide à évaluer le succès d'un projet. Diviser les grands projets en phases avec des points de repère spécifiques permet une évaluation continue et des ajustements nécessaires, garantissant que les projets restent alignés avec les cycles stratégiques et financiers de l'entreprise.

Équilibrer la Planification et les Besoins Immédiats

La planification stratégique doit également tenir compte des exigences opérationnelles immédiates. Des revues régulières de l'allocation des ressources et l'identification des principales contraintes sont essentielles pour s'assurer que les stratégies mises en œuvre ne se concentrent pas uniquement sur les objectifs à long terme, mais répondent également aux besoins opérationnels actuels. Impliquer les équipes dans l'identification des activités essentielles et celles pouvant être réduites évite les redondances et garantit que les ressources sont concentrées là où elles sont le plus nécessaires.

En comprenant et en mettant en œuvre ces divers aspects de la planification à travers différents rôles organisationnels, les leaders peuvent s'assurer que leurs équipes sont non seulement préparées aux défis immédiats, mais également stratégiquement alignées pour un succès à long terme.

Prise de Décision

Les leaders à tous les niveaux sont de plus en plus confrontés à un flux incessant de nouvelles informations et à des défis complexes et redoutables nécessitant une résolution. Le paysage moderne, marqué par des avancées technologiques rapides et des communications instantanées, couplé à une perspective globale des opérations, exige un mélange d'actions rapides et de recherches approfondies pour prendre des décisions éclairées. Élaborer des décisions qui minimisent les risques tout en maximisant l'efficacité et l'efficience requiert la capacité de penser clairement et stratégiquement, en prenant des jugements bien fondés basés sur des faits pertinents et les contributions des parties prenantes.

Les **superviseurs** doivent rassembler suffisamment d'informations pour aborder efficacement les problèmes, en employant un raisonnement logique dans leur prise de décision. Adhérer aux directives et aux orientations organisationnelles garantit la cohérence de leurs actions. En explorant diverses méthodes de résolution de problèmes, les superviseurs peuvent aborder les questions de manière créative et efficace. Avec une base solide d'informations, un raisonnement logique et une adhésion aux directives, les superviseurs peuvent naviguer dans les complexités et conduire leurs équipes vers des résultats réussis.

Les **surintendants** plongent au cœur des causes des problèmes, prenant parfois des décisions avec des informations ou des données limitées. Ils confrontent et examinent constamment les problèmes quelles que soient les circonstances et cherchent diverses solutions à ces défis. Les surintendants doivent communiquer efficacement leurs suggestions et alternatives pour améliorer la productivité au sein de leurs équipes.

Les **gestionnaires** sont chargés de sélectionner les options les plus avantageuses parmi une gamme de possibilités, de clarifier les ambiguïtés et de prendre des décisions rapides en cas d'urgence. Les gestionnaires doivent être capables de recueillir des informations de manière efficiente, garantissant une compréhension approfondie du problème à résoudre. Cela leur permet de faire des choix éclairés dans des délais limités, en atténuant les risques potentiels et en optimisant les résultats.

Prise De Décision EN PROFONDEUR

Rassembler Suffisamment d'Informations pour Surmonter les Problèmes

Évitez les solutions rapides lorsqu'un problème survient. Développez des traits de pensée stratégique tels que la curiosité, la flexibilité, la focalisation sur l'avenir, l'optimisme et l'ouverture aux nouvelles idées. Retardez la prise de décision lorsqu'elle est émotionnellement chargée, assurant une approche plus équilibrée et rationnelle une fois plus calme. Remettez continuellement en question les causes sous-jacentes d'un problème, cherchez des schémas et évaluez plusieurs solutions. Réfléchissez objectivement sur les décisions passées pour reconnaître les points forts et les domaines nécessitant des améliorations.

Enquêtez sur la Racine du Problème

Cherchez des informations auprès de personnes ayant déjà rencontré des défis similaires ou de celles affectées par le problème pour mieux comprendre sa cause profonde. Dépassez-vous pour rassembler des données supplémentaires et des perspectives des parties prenantes pour confirmer vos hypothèses. Consacrez du temps à analyser profondément un problème critique pour découvrir les facteurs sous-jacents et consultez des perspectives interfonctionnelles pour guider votre compréhension.

Trouver Différentes Façons de Résoudre les Problèmes

Considérez les stratégies de votre entreprise du point de vue d'un fournisseur ou d'un client pour obtenir de nouvelles perspectives.

Utilisez des outils comme Six Sigma pour mieux comprendre les problèmes externes affectant vos opérations. De plus, adopter les perspectives fraîches de nouvelles recrues et une culture de communication ouverte conduit à des solutions innovantes qui défient le statu quo. En considérant les problèmes comme des processus, vous pouvez effectuer une analyse des causes profondes et réingénier les processus potentiellement, atténuant ainsi l'impact des facteurs externes. Cette approche globale permet aux entreprises de développer des stratégies robustes qui optimisent les relations avec les fournisseurs, offrent une valeur client supérieure et assurent le succès à long terme.

Choisir Sagement Entre Différentes Options

Élargissez votre perspective en faisant un brainstorming avec un groupe diversifié pour définir les avantages et les inconvénients de chaque solution potentielle. Équilibrez le pragmatisme avec une focalisation stratégique, favorisant les solutions offrant des bénéfices à long terme par rapport à celles qui sont simplement pratiques à court terme. Si vous êtes incertain quant à une décision, considérez que la solution optimale émerge souvent après avoir rejeté les premières options. Recherchez des avis supplémentaires pour améliorer la qualité de la décision.

Décider, Même avec Peu d'Infos ou de Données

Abordez les grandes décisions comme une série de petites décisions, en utilisant les retours de chaque étape pour affiner les choix suivants. Demandez une autorité de prise de décision accrue lorsque c'est pratique pour approfondir votre compréhension des différents domaines de l'entreprise. Obtenez des informations sur les principes de prise de décision auprès d'experts habiles à naviguer dans des choix complexes et élargissez vos connaissances sur des sujets inconnus pour améliorer votre jugement. Reconnaissez les schémas des expériences passées pour accélérer la prise de décision dans des situations urgentes.

Trouver Différentes Façons de Résoudre les Problèmes

Remettez régulièrement en question les hypothèses sous-jacentes de votre réflexion, ou « pensez en dehors des sentiers battus ». Présentez les problèmes à un groupe et faites un brainstorming sur les causes possibles pour distinguer les symptômes des causes profondes. Engagez-vous dans de nouvelles activités pour acquérir différentes perspectives susceptibles de susciter des solutions innovantes. Sortez de votre zone de confort et engagez-vous dans des activités en dehors de votre domaine de travail, car l'exposition à de nouvelles expériences peut susciter des perspectives inattendues et précieuses.

Enfin, stimulez un esprit de compétition saine. Organisez des concours où des équipes consultatives se mesurent contre la montre pour élaborer des solutions créatives. La pression d'un délai serré peut favoriser des solutions innovantes et efficaces qui propulsent votre entreprise vers l'avant.

Motivation

La motivation des leaders et des employés se réfère aux facteurs internes ou externes qui stimulent le désir et l'énergie des personnes à être continuellement intéressées et engagées dans leur travail, et à fournir des efforts persistants pour atteindre un objectif. Pour les leaders, la motivation provient souvent du désir d'inspirer et de diriger leurs équipes de manière efficace, atteignant les objectifs tout en favorisant un environnement de travail positif et productif. Pour les employés, la motivation peut être motivée par une variété de facteurs, y compris l'épanouissement personnel, la reconnaissance, les incitations financières, la croissance professionnelle et un sentiment d'appartenance. Les motivations intrinsèques, comme la satisfaction personnelle et la réalisation, et les motivations extrinsèques, comme les récompenses et la reconnaissance, jouent des rôles cruciaux dans l'influence des niveaux d'engagement et de production chez les leaders d'équipe et leurs membres.

Motivation Personnelle

Dans une usine de services postaux animée, le gestionnaire, Yanick, a remarqué une légère baisse du moral et de l'efficacité de l'équipe à l'approche de la haute saison des fêtes. Tout le monde courait partout et semblait un peu débordé. Reconnaissant le besoin de motivation, Yanick a adopté une approche personnelle. Un matin, il a serré la main de chaque membre de l'équipe, leur souhaitant de bonnes fêtes à l'avance. Pendant qu'il faisait cela, les employés se regardaient en hochant la tête de manière approbatrice face à ce geste. Ce petit geste personnel a non seulement remonté le moral, mais a aussi stimulé un sentiment d'appréciation et de camaraderie au sein de l'équipe. Pour renforcer encore la motivation, Yanick a introduit une incitation basée sur l'équipe : si l'équipe atteignait ses objectifs hebdomadaires de tri des colis sans erreurs, ils bénéficieraient d'une pause prolongée le vendredi, prolongée de 15 minutes supplémentaires. Cette récompense extrinsèque, combinée à la satisfaction intrinsèque de la reconnaissance personnelle de Yanick, a revitalisé l'esprit de l'équipe. En conséquence, l'usine a connu une amélioration notable de la productivité et de la satisfaction des employés, garantissant que la ruée des fêtes était gérée efficacement et que les membres de l'équipe se sentaient valorisés et motivés.

Motivation en Entreprise

Le rôle d'un **superviseur** en matière de motivation est essentiel tant pour soutenir les décisions de la direction que pour inspirer son équipe. Ils doivent communiquer clairement et soutenir les décisions de la direction, en veillant à ce qu'elles soient bien comprises et intégrées dans les opérations de l'équipe. Il est primordial que les superviseurs fassent confiance à leur équipe et montrent confiance dans leurs capacités, ce qui développe un environnement de travail positif et valorisant. Cela inclut également de montrer de l'enthousiasme pour les nouveaux projets, ce qui peut motiver l'équipe et stimuler l'engagement. Les superviseurs doivent continuellement viser l'excellence, en fixant des normes élevées et en défiant l'équipe de les atteindre. Reconnaître et récompenser ces réalisations ne booste pas seulement le moral, mais renforce également les comportements qui conduisent au succès.

Les **surintendants** jouent également un rôle clé dans l'alignement de leur équipe avec les objectifs plus larges de l'organisation. Ils doivent soutenir et renforcer les décisions et objectifs de la direction comme les superviseurs, en s'assurant que l'équipe comprend le "quoi" et le "pourquoi" de leurs tâches. En illuminant le chemin et le but, les surintendants maintiennent leur équipe motivée et concentrée sur les objectifs plus larges de l'organisation. Ils doivent pousser les membres de l'équipe à surpasser les normes établies et à stimuler leur propre croissance en prenant des initiatives dans leurs rôles. Cela inclut l'attribution de tâches spécifiques et stimulantes aux individus et la fourniture du soutien nécessaire pour obtenir des résultats exceptionnels, renforçant ainsi une culture d'auto-motivation et d'amélioration continue.

Les **gestionnaires** doivent articuler un plan clair pour leur département qui s'aligne avec la vision globale de l'entreprise, en fournissant des directives claires et exploitables pour s'assurer que tout le monde avance dans la même direction. Ils doivent défier leurs équipes à dépasser leurs limites perçues et promouvoir un environnement où dépasser les attentes est la norme. Reconnaître les contributions individuelles est essentiel pour maintenir la motivation et le sentiment d'accomplissement. Les gestionnaires devraient viser à transformer leurs départements en exemples de succès et d'innovation au sein de l'entreprise. En évaluant et en utilisant les forces et les faiblesses uniques de chaque membre de l'équipe, les gestionnaires peuvent optimiser la distribution des tâches, améliorer la productivité et s'assurer que leur équipe est bien positionnée pour réussir et établir de nouveaux records de performance.

Motivation EN PROFONDEUR

Je voulais que cette "Motivation en profondeur" soit sous forme de points pour plusieurs raisons :
A. Clarté : Les points assurent que les conseils sont clairs et faciles à noter.
B. Mémorabilité : Ce format aide à se souvenir de chaque conseil et à le revisiter facilement.
C. Mise en évidence : Vous pouvez mettre en évidence les points qui résonnent avec vous et les appliquer efficacement.
En utilisant des points, vous pouvez rapidement identifier les éléments clés et vous concentrer sur les conseils qui vous importent le plus.

Défendre les Décisions de la Direction

A. Assurez-vous de bien comprendre les décisions et de pouvoir expliquer clairement le processus et les avantages. Présentez ces décisions avec vos propres mots, bien préparé pour répondre à tout contre-argument. Évitez de lire directement à partir d'un script imprimé.

B. Insistez sur le fait que la décision a été "bien étudiée" pour maximiser la productivité et "soigneusement envisagée" pour la sécurité et les bénéfices globaux.

C. Lors de votre présentation, discutez proactivement des préoccupations potentielles que votre équipe pourrait avoir au sujet de la décision et répondez à toutes les questions avec une ouverture d'esprit.

Renforcer la Confiance dans les Capacités de l'Équipe

A. Réagissez activement aux situations en temps réel où un membre de l'équipe performe bien, en fournissant une reconnaissance immédiate et en clarifiant les avantages de leurs actions.
B. Préparez votre équipe à la résistance potentielle de leurs responsables en encourageant une préparation proactive et une discussion collaborative des idées.
C. Organisez des réunions régulières pour louer ouvertement et remercier votre équipe pour leurs efforts individuels.
D. Montrez votre confiance en déléguant la prise de décision ou les rôles de leadership des réunions à des membres de l'équipe en votre absence.

Maintenir la Motivation et l'Optimisme Personnel

A. Identifiez ce qui motive votre motivation et intégrez ces motivateurs dans votre routine hebdomadaire comme récompense.
B. Maintenez un équilibre sain entre vie professionnelle et vie personnelle en gérant votre alimentation, votre sommeil et votre exercice, car ces facteurs sont cruciaux pour maintenir des niveaux d'énergie élevés et un environnement de travail positif.
C. Si vous vous sentez épuisé ou limité par votre rôle actuel, envisagez de relever de nouveaux défis comme un changement temporaire pour raviver votre intérêt et votre engagement.
D. Surveillez et essayez de réduire la fréquence des remarques négatives ou pessimistes faites au travail pour maintenir une atmosphère plus positive.

Stimuler l'Excellence de l'Équipe

A. Fixez des objectifs stimulants et inspirants qui encouragent les membres de l'équipe à explorer de nouveaux domaines et à

développer de nouvelles compétences.
B. Au début de l'année, organisez une réunion d'équipe pour établir des normes de performance et définir ensemble à quoi devraient ressembler les résultats exceptionnels.
C. Engagez-vous individuellement avec les membres de l'équipe pour explorer comment chacun peut contribuer de manière unique à atteindre des résultats exceptionnels pour l'équipe.
D. Surveillez régulièrement les objectifs départementaux, reconnaissez et récompensez les réalisations, et personnalisez les plans de reconnaissance pour améliorer divers domaines nécessitant des améliorations (par exemple, récompenses de productivité, récompenses de sécurité).

S'Aligner avec la Vision et les Objectifs de l'Organisation

A. Montrez de l'engagement et de la vitalité dans toutes les actions pour faire avancer la mission de votre entreprise.
B. Réfléchissez aux impacts à court et à long terme de vos décisions sur les autres et alignez-les étroitement avec les objectifs et la vision de l'organisation.
C. Assurez la cohérence entre vos paroles et vos actions, car votre équipe fera plus confiance à ce qu'elle observe qu'à ce qu'on lui dit.
D. Évaluez régulièrement si votre approche est alignée avec la vision de l'organisation, en veillant à ce que votre leadership soutienne efficacement les objectifs de l'entreprise.
E. Évaluez régulièrement vos actions pour assurer la cohérence, en particulier dans la prise de décisions difficiles, pour garantir l'équité et maintenir l'intégrité du leadership.
F. Adoptez et défendez l'adoption de nouvelles méthodologies et technologies au sein de l'entreprise, aidant votre équipe à abandonner les pratiques et mentalités obsolètes.

Encourager les Efforts Autonomes des Individus

A. Consacrez du temps à établir des relations au sein de l'organisation et à comprendre les besoins des autres. Ce réseau sera bénéfique lorsque vous aurez besoin d'aide ou de collaboration.

B. Reconnaissez et alignez les priorités des autres avec les vôtres, ce qui peut mutuellement améliorer vos efforts pour atteindre les objectifs et les aspirations fixés.

C. Donnez de la reconnaissance là où elle est méritée pour inspirer une culture d'appréciation et de réciprocité parmi les membres de l'équipe.

D. Trouvez un mentor qui peut vous guider sur votre comportement professionnel et vos motivations, vous aidant à affiner la perception que les autres ont de vous.

E. Formez un cercle de collègues ou d'amis de confiance qui peuvent offrir des commentaires honnêtes sur votre style de gestion, assurant que vous restez aligné avec vos objectifs.

Sélectionner des Individus Capables pour Innover des Solutions

A. Établissez un système de feedback pour recueillir les idées du personnel et des pairs, restant ouvert et flexible face aux nouvelles idées qui pourraient bénéficier grandement aux opérations.

B. Créez un environnement propice à l'apprentissage et à l'adaptabilité, reconnaissant que prendre des risques fait partie de la croissance et peut conduire à des succès et des échecs.

C. Révisez vos propres habitudes de travail pour vous assurer que vous utilisez efficacement votre temps et vos ressources, donnant un exemple positif à votre équipe.

D. Construisez une plateforme de réussite basée sur la confiance. Souvenez-vous, la confiance est réciproque; montrez votre confiance envers les autres pour encourager une atmosphère de confiance au sein de votre équipe.

E. Encouragez votre équipe à se familiariser et à adopter les objectifs stratégiques et les valeurs fondamentales de l'entreprise, en abordant les désalignements pouvant affecter les opérations quotidiennes.

F. Soutenez les membres de l'équipe même lorsqu'ils commettent des erreurs, renforçant ainsi votre crédibilité et consolidant la confiance.

Développer Votre Équipe

Développer votre équipe est essentiel, non seulement pour augmenter la productivité et l'efficacité actuelles, mais aussi pour assurer la vitalité et la compétitivité à long terme de votre organisation entière. Les équipes bien développées sont plus adaptables, innovantes et capables de relever les défis d'un environnement commercial en rapide évolution. Grâce au développement professionnel continu, les membres de l'équipe améliorent leurs compétences et leurs connaissances, ce qui se traduit directement par une performance et une efficacité accrue. De plus, les équipes régulièrement développées tendent à avoir des niveaux de satisfaction au travail et d'engagement plus élevés, ce qui est lié à des taux de roulement inférieurs. Cette stabilité permet de préserver les connaissances institutionnelles et aide à construire une main-d'œuvre plus cohésive et dévouée. En somme, l'importance de développer votre équipe ne peut être surestimée - c'est un aspect fondamental qui impacte non seulement les capacités opérationnelles de l'équipe mais aussi son moral et sa viabilité à long terme.

Un **superviseur** est essentiel au développement professionnel de son équipe en offrant des retours constructifs adaptés aux forces individuelles et aux domaines d'amélioration. Ils ont une compréhension approfondie des capacités et des besoins de développement de chaque membre de l'équipe, ce qui leur permet de recommander des activités spécifiques favorisant la croissance. Les superviseurs jouent un rôle de soutien, surtout lorsque les employés relèvent de nouveaux défis ou commettent des erreurs, offrant encouragements et mettant l'accent sur l'apprentissage tiré de ces expériences. Cette approche de soutien non seulement construit une équipe résiliente, mais crée aussi un environnement où l'amélioration continue est valorisée et encouragée.

Les **surintendants** améliorent le développement de l'équipe grâce à un coaching en temps réel et pratique, utilisant leurs propres expériences et expertise comme ressource d'apprentissage pour les autres. Ils tiennent les chefs d'équipe responsables du développement de leur personnel, s'assurant que la croissance et l'apprentissage sont constants et alignés sur les objectifs organisationnels. Les surintendants aident à identifier et à prioriser les objectifs de développement pour leurs équipes et prennent des décisions stratégiques en matière de placement et de récompense qui reconnaissent la performance et le potentiel individuels. Ils donnent également aux membres de l'équipe la liberté d'accomplir les tâches de manière adaptée à leurs compétences uniques, avec un sentiment d'autonomie et de confiance dans leurs rôles professionnels.

Les **gestionnaires** sont essentiels dans la formation des futurs leaders de l'organisation en identifiant et en cultivant les talents, créant des bassins de personnes capables de prendre des rôles clés. Ils abordent les contre-performances de manière constructive, transformant les revers potentiels en opportunités d'apprentissage qui contribuent à la croissance personnelle et professionnelle. Les gestionnaires travaillent pour une culture organisationnelle qui valorise le partage des connaissances et de l'expertise, facilitant un flux libre d'apprentissage à tous les niveaux de l'entreprise. En façonnant stratégiquement les rôles et les affectations, les gestionnaires s'assurent qu'ils sont alignés avec les besoins de développement de leur personnel, tirant parti des forces individuelles pour maximiser à la fois le succès personnel et organisationnel.

Développer Votre Équipe EN PROFONDEUR

Fournir des Commentaires Constructifs Efficacement

Évitez de réserver les commentaires pour une évaluation annuelle. Fournir des retours peu de temps après des événements pertinents permet aux individus de mieux comprendre le feedback en relation avec des situations spécifiques. Cette approche rend non seulement les retours plus exploitables, mais elle renforce également la confiance, car les employés voient que les commentaires visent l'amélioration continue plutôt que la critique en fin d'année. Les employés sont souvent capables de percevoir la négativité non exprimée de leurs patrons. Cela peut être extrêmement démotivant, surtout lorsqu'il en résulte des surprises lors des évaluations de fin d'année. Lorsque qu'un patron nourrit une négativité non exprimée, cela crée un environnement de travail tendu et incertain. Les employés, ressentant cela, peuvent devenir anxieux, désengagés, et réduire leurs efforts en prévision de critiques potentielles. Cela nuit non seulement au moral, mais aussi à la productivité. Préparez-vous aux sessions de feedback en rassemblant des exemples spécifiques qui mettent en évidence à la fois les forces et les domaines nécessitant un développement, assurant que les retours soient basés sur des performances réelles.

Soyez direct dans vos discussions de feedback, honnête sur vos observations et les résultats de leurs actions. Reconnaissez toujours et appréciez lorsque les employés montrent des comportements souhaitables, car cela renforce les bonnes pratiques et motive à continuer les bonnes performances.

Partage d'expérience et d'expertise

Rendez-vous disponible pour les membres de l'équipe en quête de conseils et partagez les enseignements tirés de vos propres expériences sur les stratégies efficaces. Tout en offrant des conseils, assurez-vous de respecter leur autonomie dans la prise de décision. Encouragez vos leaders et membres de l'équipe à améliorer leurs compétences en coaching et en mentorat en assumant des rôles tels que le coaching de quelqu'un en dehors de leur équipe immédiate, ce qui peut enrichir leur expérience. Utilisez les membres expérimentés de l'équipe pour aider les nouveaux membres à s'intégrer dans une culture d'équipe de soutien. Partagez ouvertement vos propres réussites professionnelles et vos revers pour offrir des opportunités d'apprentissage réelles, aidant l'équipe à comprendre la valeur de l'apprentissage tiré à la fois des succès et des échecs.

Comprendre et Soutenir le Développement de l'Équipe

Menez des discussions en tête-à-tête avec chaque membre de l'équipe pour mieux comprendre leurs forces, faiblesses, aspirations de carrière et motivations individuelles. Cette approche personnalisée aide à élaborer des plans de développement véritablement efficaces. Recueillez des retours de diverses sources, y compris les pairs et autres parties prenantes internes, pour obtenir une image plus complète des performances d'un employé et des domaines à développer. Motivez vos membres d'équipe à chercher des retours de leurs pairs, qui peuvent servir d'intrants précieux pour leurs plans de développement personnel.

Offrez des opportunités aux membres de l'équipe d'utiliser leurs forces et de se concentrer sur l'amélioration de leurs faiblesses. Les employés sont généralement plus engagés et motivés lorsqu'ils peuvent améliorer les compétences dans lesquelles ils sont déjà compétents tout en répondant aux besoins de développement.

Recommander des Activités de Développement aux Autres

Pour favoriser la croissance professionnelle au sein de votre équipe, engagez-vous à mettre en œuvre deux ou trois actions de développement spécifiques pour chaque membre, en veillant à ce que ces actions soient spécifiques, mesurables, atteignables, pertinentes et temporellement définies (SMART). Gardez à l'esprit que la majorité du développement (70%) se fait par des expériences de travail. Complétez ces expériences par des retours et du coaching, qui devraient constituer environ 20% du processus de développement, tandis que les 10% restants peuvent impliquer des méthodes de formation plus formelles telles que la lecture, les programmes dirigés par un tuteur et les cours en ligne. De plus, recherchez des opportunités en dehors de votre propre organisation, telles que la participation à des projets, les affectations rotationnelles et les visites de sites, qui peuvent fournir de nouvelles compétences et expériences précieuses. Si un changement de comportement est un objectif pour un membre de l'équipe, encouragez-le à tenir un registre des fois où il a montré le comportement souhaité, en examinant ensemble les progrès à des intervalles définis.

Fournir du Soutien et des Encouragements pour les Risques de Développement

Encouragez un environnement ouvert où les membres de l'équipe se sentent en sécurité pour discuter des erreurs et des tentatives infructueuses de nouvelles approches ou comportements. Aidez-les à analyser ces situations pour comprendre ce qui n'a pas fonctionné et comment ils pourraient ajuster leurs actions lors de futures tentatives. Il est essentiel que les membres de l'équipe assument la responsabilité de leurs succès et de leurs échecs pour soutenir une culture d'apprentissage ; cela signifie s'éloigner du blâme des autres lorsque les choses tournent mal. De plus, encouragez l'apprentissage par les pairs en jumelant les membres de l'équipe avec d'autres qui possèdent les compétences ou les connaissances qu'ils doivent développer, renforçant ainsi l'expertise collective au sein de votre équipe.

Fournir un Coaching Efficace en Temps Réel

Pour améliorer vos capacités de coaching, observez et rencontrez des individus qui excellent dans le coaching et envisagez d'incorporer leurs techniques dans votre propre style. Personnalisez votre approche de coaching en fonction des besoins uniques et des personnalités de chaque membre de l'équipe. Cela peut signifier rassurer un employé tout en défiant un autre à aller au-delà de sa zone de confort. Il est également crucial de solliciter régulièrement des retours de ceux que vous coachez. Demandez-leur quels aspects de votre coaching sont utiles, ce qui pourrait être amélioré, et ce qui devrait être arrêté pour mieux soutenir leur apprentissage et leur développement. Ce cycle de feedback vous aide non seulement à affiner vos méthodes de coaching, mais rend aussi le processus d'apprentissage plus efficace et adapté à chacun.

Tenir les Autres Responsables du Développement de leurs Équipes

En tant que gestionnaire ou surintendant, et pour vous assurer que les leaders au sein de votre organisation développent activement leurs équipes, travaillez avec eux pour établir des objectifs annuels SMART (Spécifiques, Mesurables, Atteignables, Réalistes et Temporellement définis) visant à améliorer les compétences et les niveaux de compétence de leurs membres. Donnez l'exemple en tenant des réunions de revue de performance régulières avec chacun de vos leaders, en discutant de la manière dont ils améliorent leurs propres compétences et en les encourageant à adopter des pratiques similaires avec leurs équipes.

De plus, organisez des réunions de feedback avec les employés qui relèvent de vos leaders pour évaluer leurs perceptions sur leurs progrès en matière de développement personnel. Établissez un ensemble de métriques de développement des personnes standard pour votre organisation et demandez aux gestionnaires de rendre compte de leurs progrès sur ces métriques chaque trimestre, en utilisant un système de code couleur (vert pour en bonne voie, jaune pour à risque et rouge pour en retard) pour identifier facilement le statut de chaque objectif.

Développer des Successeurs et des Réservoirs de Talents

Commencez par identifier les talents en leadership tôt, en adoptant une vision à long terme de 3 à 5 ans de votre pipeline de talents pour vous assurer que les jeunes talents reçoivent le développement structuré nécessaire pour rejoindre le réservoir de succession. Collaborez avec des leaders à travers l'organisation pour aider les successeurs à développer une solide compréhension des affaires et une compréhension complète de l'organisation. Assurez-vous que les individus à fort potentiel acquièrent de l'expérience en dehors de votre ligne de métier spécifique et tenez compte du potentiel lors du recrutement de talents de l'extérieur, visant à attirer des individus qui pourraient être des leaders futurs, pas seulement ceux qui répondent aux exigences immédiates du poste. Développez des relations avec des talents en dehors de votre ligne de métier et incluez-les dans vos plans de succession. Soutenez une approche collaborative à travers l'organisation pour développer des talents, en identifiant des rôles de leadership qui bénéficient à l'organisation dans son ensemble.

Gérer les Sous-performances de Manière Productive

Lorsqu'il s'agit de sous-performance, travaillez en étroite collaboration avec l'individu pour comprendre les causes profondes, qu'elles soient motivationnelles, basées sur les compétences ou liées à des malentendus des attentes du poste. Convenir d'un plan de développement réaliste pour combler les lacunes de performance identifiées, en veillant à ce que le plan inclue des résultats clairs, des échéanciers et des mécanismes de soutien. Passez régulièrement en revue ce plan avec l'employé ou le leader pour suivre les progrès et s'assurer que l'organisation fournit le soutien nécessaire. Maintenez une relation de travail constructive tout au long de ce processus, encourageant le dialogue ouvert sur les problèmes de performance, ce qui est essentiel pour une résolution efficace. N'oubliez pas qu'il est injuste pour l'individu et l'organisation de ne pas aborder les problèmes de performance, car les lacunes de développement non reconnues peuvent freiner à la fois la croissance personnelle et organisationnelle.

Promouvoir le Partage d'Expertise

Pour améliorer l'apprentissage organisationnel et le partage des expertises, réseauter activement avec des pairs à travers l'entreprise pour découvrir des intérêts communs et des domaines potentiels de partage de ressources et de connaissances. Incitez vos membres d'équipe à participer à des programmes de formation internes où ils peuvent interagir avec des pairs de différents départements. À leur retour, demandez-leur de partager les connaissances qu'ils ont acquises sur d'autres fonctions ou domaines d'activité avec le reste de l'équipe. De plus, nommez des membres d'équipe pour des projets interdépartementaux qui offrent des opportunités de collaboration et d'apprentissage. Ces initiatives enrichissent non seulement les connaissances individuelles mais renforcent également les connexions interdépartementales et construisent une culture d'apprentissage continu au sein de l'entreprise.

Définir les Rôles et les Affectations pour Développer des Capacités

Soyez attentif au potentiel des rôles de devenir monotones; les recherches suggèrent que les individus peuvent avoir besoin de nouveaux défis après 3 à 5 ans dans le même poste. Pour maintenir l'engagement et l'apprentissage des membres de l'équipe, assignez-leur des objectifs ambitieux, plaidez pour des échanges de rôles avec des pairs ou impliquez-les dans la gestion de nouveaux projets. Lorsque cela est possible, intégrez des discussions sur les plans d'affaires avec les conversations de développement de l'équipe et personnelle, en identifiant de nouvelles opportunités de développement à mesure que les objectifs d'affaires évoluent. Concentrez-vous sur la valorisation et l'amélioration des forces des membres de l'équipe plutôt que de traiter uniquement les faiblesses. Envisagez de faciliter des mouvements latéraux ou d'assigner des membres de l'équipe à différents domaines fonctionnels ou unités d'affaires.

Ces expériences élargies peuvent stimuler l'innovation et fournir de nouvelles perspectives sur leurs rôles, contribuant à la fois à la croissance personnelle et au développement organisationnel.

Montrer De L'Adaptabilité Et Gérer Le Stress

À mesure que vous accédez à des postes plus élevés au sein d'une organisation, l'ambiguïté de vos responsabilités augmente. Pour naviguer avec succès, les leaders doivent affiner leur capacité à prendre des décisions éclairées rapidement et efficacement, souvent avec des informations limitées et sans précédents historiques pour les guider.

De plus, il est essentiel que les leaders comprennent que leurs connaissances actuelles peuvent ne pas suffire à relever les défis futurs. Apprendre des leçons offertes par les revers et les échecs est très important, car ces expériences fournissent des opportunités précieuses pour l'apprentissage, l'adaptation et la croissance. La gestion efficace de ses réactions aux situations défavorables est fondamentale pour diriger en période d'incertitude et indispensable pour réussir en leadership.

Travailler Sous Stress

Un bon leader prospère dans des environnements de stress et d'incertitude en employant des stratégies et des méthodes constructives. Lorsque vous vous sentez débordé, envisagez de décomposer les projets importants en étapes gérables et progressives, permettant des ajustements adaptatifs à mesure que les conditions évoluent. Pour ceux enclins au perfectionnisme, il est nécessaire de trouver un équilibre entre la délibération et l'action, en fixant des objectifs pour réduire la dépendance à des données étendues ou pour prendre de petites décisions sans aucune donnée.

Face à des défis intimidants, les traduire en une représentation visuelle peut être bénéfique; utilisez un tableau blanc pour schématiser le processus ou construisez une narration pour le problème en question. Il est également important de discerner et d'éliminer les tâches non essentielles, car elles n'ont pas toutes la même urgence. De plus, pour aider votre équipe à naviguer dans l'ambiguïté, communiquez efficacement les raisons des changements ainsi que les méthodes et les résultats attendus. Cette approche permet non seulement de se concentrer sur les objectifs à long terme, mais aussi de satisfaire le besoin de l'équipe de voir des progrès immédiats, favorisant un environnement de travail cohérent et motivé.

Ajuster Vos Besoins

S'adapte efficacement aux besoins, circonstances, priorités et opportunités en constante évolution en élargissant activement ses expériences par la participation à diverses activités en dehors du lieu de travail. Explorez de nouveaux sports, loisirs, rencontrez des personnes différentes et dînez dans des restaurants inconnus sans recherche préalable pour favoriser l'adaptabilité. Pour ceux qui ont du mal à s'organiser ou trouvent peu de temps pour s'adapter aux situations changeantes, il est impératif d'identifier les priorités essentielles et de consacrer du temps chaque semaine pour faire avancer ces projets clés. Lorsque la nature d'un problème reste floue, consacrez du temps à en disséquer la cause profonde pour éviter de traiter perpétuellement de simples symptômes. Améliorez la compréhension des priorités en posant plus de questions avant de commencer à agir.

Travailler avec les Échecs et les Erreurs avec un Esprit Ouvert

Aborde toujours les échecs et les erreurs personnelles de manière constructive. Reconnaissez les erreurs rapidement pour instaurer un climat de confiance, encourageant la transparence parmi les pairs. Cherchez de l'aide pour identifier des approches alternatives pour les situations futures afin d'éviter de répéter les erreurs. Déterminez si une erreur signale une lacune dans les connaissances; collaborez avec votre superviseur pour trouver un expert en la matière qui peut fournir les connaissances ou les compétences nécessaires. Cette approche proactive non seulement atténue les erreurs futures, mais améliore également la croissance personnelle et professionnelle.

Poursuit Activement l'Amélioration des Connaissances et des Compétences

Cherche activement des opportunités de croissance personnelle et professionnelle en sortant de son domaine d'expertise pour enseigner des sujets inconnus, embrassant ainsi la courbe d'apprentissage d'un novice. Défiez-vous de sortir de votre zone de confort en prenant des risques calculés dans votre vie personnelle et professionnelle. Expérimentez de nouveaux rôles, comme agir en tant que porte-parole dans des situations à enjeux élevés, ou adoptez des approches comportementales contraires à vos méthodes habituelles - par exemple, coacher plutôt qu'instruire, déléguer au lieu de résoudre directement les problèmes. Ces expériences modifient les résultats et contribuent à votre développement personnel.

Démontre une Compréhension des Forces Personnelles et des Domaines de Développement

Pour améliorer la compréhension des capacités personnelles et des domaines nécessitant une amélioration, sollicitez activement des retours d'information de vos collègues et superviseurs. Demander à la fois des retours positifs et constructifs peut affiner votre conscience de soi et augmenter votre efficacité. Envisagez de demander des retours confidentiels à 360° pour obtenir une vue d'ensemble de vos forces et faiblesses. Soyez conscient que le succès peut engendrer de l'arrogance, ce qui peut bloquer l'avancement de carrière et décourager les autres de fournir des retours précieux. Soyez persistant dans vos demandes d'information pour montrer un véritable engagement envers l'amélioration personnelle. Reconnaissez que la défensive est un obstacle à la connaissance de soi; acquérir de solides compétences d'écoute est bénéfique. Identifiez les principaux domaines à développer, créez un plan d'action ciblé et révisez continuellement et adaptez votre stratégie en fonction des retours pour vous assurer de faire des progrès significatifs.

Accueille les Commentaires avec Ouverture et sans Attitude Défensive

Travaillez activement à reconnaître et à gérer vos déclencheurs émotionnels en documentant les instances où vous avez perdu votre sang-froid pour identifier les schémas et les causes sous-jacentes. Développez des stratégies pour de meilleures réactions mentales et physiques à ces déclencheurs, visant à réduire de telles occurrences. Pratiquez la pause avant de répondre impulsivement; par exemple, comptez jusqu'à dix ou prenez des notes pour permettre une réponse plus réfléchie. Observez et apprenez de la défensive et de la colère chez les autres, en remarquant s'ils utilisent souvent un langage prescriptif comme « devrait » ou « doit », et réfléchissez à si vous faites de même. Lors de la réception de retours constructifs, percevez-les comme une adresse au problème en question plutôt que comme une critique personnelle, et prenez le temps nécessaire pour comprendre le problème afin d'améliorer la gestion future de situations similaires. Un leader vraiment efficace accueille les retours avec un esprit ouvert, évitant la défensive. Cela favorise un environnement d'apprentissage et vous gagnez l'admiration, le respect et l'étonnement de vos subordonnés.

Démontre une Préparation pour de Nouveaux Défis et Risques pour la Croissance

Préparez-vous à naviguer dans des environnements incertains en vous engageant régulièrement dans des activités qui perturbent vos schémas normaux ou vous poussent hors de votre zone de confort. Cherchez activement des rôles nécessitant de l'adaptabilité et soyez vigilant pour repérer à la fois les opportunités et les menaces potentielles au sein de votre industrie en analysant les tendances et scénarios dans les publications commerciales. Face à des changements ou à des priorités changeantes, abstenez-vous de réagir immédiatement; au lieu de cela, recueillez plus d'informations pour informer vos réponses. Considérez ces changements comme des opportunités pour employer une pensée créative et affirmer votre capacité à élaborer des solutions aux défis émergents, renforçant ainsi votre préparation à surmonter les obstacles de manière innovante.

Fait Preuve d'Adaptabilité dans Divers Scénarios

Prenez des mesures délibérées pour évaluer vos circonstances actuelles et décider si elles nécessitent des modifications de vos routines, hypothèses ou relations. Réfléchissez à des expériences passées similaires pour mieux planifier et gérer les changements potentiels. Effectuez une auto-évaluation approfondie pour comprendre vos réactions typiques au changement, en identifiant les forces à exploiter et les situations qui induisent du stress. Déterminez des stratégies pour gérer ces facteurs de stress plus efficacement à l'avenir. Considérez également votre réseau de soutien; identifiez les personnes qui peuvent offrir des conseils ou un soutien pour s'adapter à de nouvelles situations. Concentrez vos efforts sur vos tâches les plus difficiles, en identifiant ce qui peut être délégué ou reporté pour gérer votre charge de travail efficacement.

Maintient la Positivité et l'Humour dans des Conditions Adverses

Adoptez un état d'esprit optimiste, anticipant des résultats positifs pour améliorer vos chances de succès, car les attitudes influencent souvent les résultats. Dirigez votre énergie vers la recherche de solutions alternatives plutôt que de vous attarder sur les obstacles. Considérez les défis difficiles comme des opportunités d'apprentissage, en reconnaissant que chaque scénario offre des leçons précieuses. Concentrez-vous sur les faits de la situation plutôt que sur les conséquences redoutées, en évaluant si le problème nécessite un ajustement mineur ou un changement plus significatif. Gérez votre attitude de manière proactive; tirer des leçons des revers peut améliorer considérablement votre succès futur. De plus, priorisez votre bien-être physique et émotionnel pour maintenir des niveaux d'énergie élevés et une perspective positive, essentiels pour naviguer dans des situations difficiles avec humour et résilience.

Adapte son Style de Leadership aux Exigences Situationnelles

Commencez par acquérir une compréhension approfondie de vous-même, ce qui peut servir de base pour comprendre les autres. Engagez-vous dans un processus de feedback à 360°, en sollicitant des évaluations honnêtes des autres sur vos forces et faiblesses, et utilisez ces informations comme référence pour évaluer les comportements des autres. Observez et étudiez les comportements, forces, faiblesses et préférences de vos collègues pour mieux prédire leurs réactions dans diverses situations. Lors de l'attribution des tâches, tenez compte du niveau de connaissance et d'expérience de l'individu, en ajustant votre approche de leadership en fonction de la difficulté de la tâche et des capacités de la personne. Reconnaissez que chaque individu possède à la fois des traits positifs et négatifs; en tant que leader, fournissez des retours constructifs, prenez des décisions critiques concernant les promotions ou même les renvois. Adaptez votre style de leadership à la nature de la conversation et au message à transmettre. Restez toujours ouvert aux nouvelles informations et soyez prêt à réviser vos opinions sur les gens.

Réagit de Manière Ingénieuse aux Nouveaux Défis et Exigences

Face à des difficultés dans l'accomplissement des tâches, explorez diverses approches pour atteindre les résultats souhaités, en vous préparant à vous adapter à mesure que les défis surviennent. Ne prenez pas la résistance personnellement; maintenez l'objectivité, articulez clairement la logique commerciale et intensifiez vos efforts pour écouter et répondre aux objections à mesure que vous vous rapprochez de votre objectif. Préparez-vous judicieusement à présenter un argument convaincant, en utilisant un langage précis et en répétant les réponses aux questions difficiles potentielles pour communiquer de manière convaincante votre conviction dans vos propositions. Prenez en compte à la fois les structures organisationnelles formelles et informelles pour naviguer et atteindre vos objectifs, et lorsque de nouvelles priorités émergent, réalignez l'objectif et les ressources de votre équipe pour s'assurer que les objectifs clés sont atteints.

Fait Preuve de Flexibilité et de Résilience Sous Pression

Cherchez des collègues qui ont efficacement géré l'adversité et apprenez de leurs expériences, stratégies et résultats. Faites preuve de patience en période de contraintes et d'adversité, en choisissant d'écouter et d'observer plutôt que de prendre immédiatement des mesures décisives. Reconnaissez que tous les projets ne doivent pas être complétés à 100% pour atteindre leurs objectifs; comprendre quand cesser de pousser pour une finalisation complète peut optimiser les résultats et conserver les ressources.

Concentrez-vous sur la vue d'ensemble, en équilibrant les tâches exigeantes avec des activités moins difficiles et en permettant le temps de récupération en vous engageant dans des domaines où les résultats sont plus prévisibles et gérables.

Navigue dans la Politique Organisationnelle Comme un Expert

Pour gérer habilement la dynamique politique au sein de votre organisation, commencez par bien comprendre les règles et le paysage politiques. Faites attention à qui détient le pouvoir de décision, aux processus de prise de décision et aux méthodes de répartition des ressources. Maintenez un large réseau de relations à travers l'organisation, qui peut fournir des informations sur le climat politique interne qui ne sont généralement pas disponibles par les canaux officiels. Abordez les propositions initiales avec prudence, en permettant des ajustements et des adaptations par les autres; cette approche peut prévenir les conflits potentiels souvent causés par la présentation de positions rigides ou extrêmes dès le début.

Être politiquement astucieux nécessite également une sensibilité aiguë aux dynamiques interpersonnelles. Développez la capacité de lire et d'anticiper les réactions des gens, améliorant ainsi votre efficacité à naviguer et à influencer au sein des structures sociales complexes de votre lieu de travail.

Partie III: Amélioration de la Communication et des Relations

Le plus grand problème dans la communication est l'illusion qu'elle a eu lieu.

George Bernard Shaw

Compétences En Communication

Il n'est pas secret que la communication efficace est la pierre angulaire d'une organisation florissante. Exprimer des idées avec clarté et confiance, écouter activement pour comprendre, et adapter son message à des audiences diverses sont les marques d'un bon communicateur. Bien que l'importance de ces compétences soit reconnue de tous, beaucoup ont du mal à les mettre en pratique. Les leaders avisés accordent la priorité à la création d'un environnement où la communication est non seulement ouverte et fréquente, mais aussi ciblée et activement encouragée. Bien que la cultivation d'une telle culture puisse présenter des défis, les récompenses sont indéniables : une main-d'œuvre motivée, des opérations rationalisées, une gestion du changement plus fluide et une innovation constante. De plus, une communication claire minimise les malentendus, améliore l'efficacité et renforce les relations avec les collègues et les clients. Cet engagement envers des canaux de communication solides est le fondement du succès et de l'adaptabilité d'une organisation dans le monde dynamique d'aujourd'hui.

COMPÉTENCES EN COMMUNICATION EN PROFONDEUR

Améliorer la communication par l'engagement actif et l'empathie
L'écoute active exige des nerfs d'acier, car elle nécessite de se retenir de parler tout en naviguant dans des conversations émotionnelles ou en reconnaissant le besoin du locuteur de se défouler avant de proposer des solutions. Pour pratiquer l'écoute active, évitez d'interrompre et maintenez un langage corporel positif et encourageant, sachant que ce silence temporaire est un outil puissant, favorisant la confiance et créant un espace pour une compréhension plus profonde. C'est pendant ces moments que la véritable connexion se construit, ouvrant la voie à une résolution de problèmes plus efficace et à un environnement de travail plus positif.

Une fois qu'ils ont fini de parler, donnez votre avis de manière réfléchie. Gardez une trace des situations où vous avez tenté d'écouter attentivement, en notant ce que vous avez bien fait et les domaines à améliorer. À l'avenir, accordez une attention particulière aux indices non verbaux. Essayez de comprendre les émotions communiquées et confirmez vos interprétations avec le locuteur avant de répondre. Évaluez vos progrès dans la compréhension des autres et pratiquez la patience.

<u>Évitez de couper la parole, de suggérer des mots pendant leurs pauses ou de terminer leurs phrases</u>. Restez ouvert et évitez les réponses méprisantes comme "Oui, je sais ça" ou "Je sais ce que tu vas dire". Efforcez-vous d'écouter impartialement tout le monde, indépendamment de leur ancienneté, race ou sexe. Si le temps est court, reportez les discussions plutôt que de compromettre la qualité du dialogue. Face à des retours négatifs, concentrez-vous sur la compréhension du message, restez calme et posez des questions de clarification. Assurez-vous d'écouter réellement plutôt que de juger, en particulier avec des personnes que vous ne respectez peut-être pas. Gardez l'esprit ouvert, posez des questions pour permettre aux autres d'exprimer pleinement leurs points de vue et retenez vos jugements jusqu'à ce que vous ayez eu suffisamment de temps pour

réfléchir à la conversation. En abordant la communication avec cet état d'esprit, vous vous transformerez d'un auditeur en un véritable leader et collaborateur, favorisant une culture de succès partagé.

Encourager les contributions de toutes les voix dans la salle

Pour atteindre un équilibre entre parler et écouter, envisagez d'inviter un pair à vous observer lors d'une réunion et à fournir des commentaires sur la manière dont vous gérez cet équilibre. Commencez chaque interaction par une déclaration claire de son objectif; cela guidera la quantité de temps que vous passez à parler par rapport à écouter. Par exemple, si l'objectif est de partager des informations, vous pourriez dominer la conversation, mais si vous cherchez des opinions ou des retours, assurez-vous de donner aux autres suffisamment de temps pour s'exprimer.

Il est important de ne pas se concentrer uniquement sur les participants les plus bruyants ou les plus confiants. Encouragez activement ceux qui écoutent habituellement plus à partager leurs pensées et à contribuer à la discussion. Cette approche crée un environnement plus inclusif où chacun se sent valorisé et peut participer de manière significative.

Adapter les styles de communication pour la compréhension et la confiance

Une communication efficace nécessite une sensibilité aux besoins de votre audience. Adaptez votre timing, ton, style et tactiques en fonction d'une compréhension approfondie de ce qui résonnera dans chaque situation spécifique. Clarifiez toujours l'objectif de vos discussions, en vous assurant que les gens comprennent le sujet et le contexte de vos consultations. Si vous avez du mal à articuler vos pensées clairement, vous pourriez trouver difficile d'obtenir des retours utiles. Soyez franc sur ce que vous savez et ce que vous ne savez pas. Si vous rencontrez des questions auxquelles vous ne pouvez pas répondre, engagez-vous à enquêter davantage et à fournir une réponse ultérieurement – cette honnêteté approfondit la confiance et renforce les relations professionnelles. Lorsque cela est possible, optez pour des interactions en face à face, en particulier lorsque vous transmettez des informations complexes ou potentiellement négatives.

Les indices non verbaux et une attitude sincère peuvent améliorer considérablement la clarté et l'impact de votre message. Cette approche permet un partage direct et ouvert des points de vue, essentiel pour une communication efficace et une compréhension mutuelle.

Pratiques de communication stratégique pour les hauts dirigeants

Pour s'assurer que toutes les parties prenantes critiques sont correctement informées, les dirigeants devraient adopter une approche structurée de la communication. Organisez des réunions de mise à jour régulières pour échanger des informations "urgentes et importantes" et demandez activement les besoins spécifiques de votre équipe et des autres parties prenantes concernant les informations qu'ils nécessitent et leurs formats préférés. Répondez rapidement aux courriels et autres correspondances, en tenant vos engagements de manière fiable pour renforcer votre crédibilité et votre confiance.

Soyez transparent sur les informations que vous pouvez partager et communiquez clairement toute limitation pour éviter les malentendus. Assurez-vous d'identifier toutes les parties prenantes pertinentes dès le début du processus et engagez-vous fréquemment avec elles pour prévenir toute résistance pouvant découler d'un sentiment d'exclusion. Cette approche proactive et ouverte de la communication soutient la création d'un environnement transparent et de confiance, facilitant des opérations plus fluides et un leadership plus efficace.

Stratégies pour encourager la participation et valoriser les contributions

Encouragez la génération de nouvelles idées en organisant des séances de brainstorming qui respectent les meilleures pratiques, en veillant à ce que chaque membre de l'équipe ait la chance de contribuer sans jugement ni rejet immédiat. Cette inclusivité peut souvent conduire à des idées surprenantes provenant de sources inattendues. Créez un environnement propice à la créativité en minimisant les distractions et les interruptions pendant ces sessions, et en limitant les vérifications fréquentes des progrès qui pourraient entraver la pensée libre.

Mettez en œuvre activement les idées les plus prometteuses au sein de votre organisation pour promouvoir une culture continue d'innovation et reconnaissez efficacement les contributeurs pour motiver l'engagement continu et la génération d'idées. La reconnaissance devrait s'étendre au-delà de l'équipe immédiate, soulignant la valeur de ces contributions dans l'ensemble de l'organisation. Intégrez les retours des parties prenantes dès le début du processus de projet, en fixant des objectifs clairs pour les résultats et les livrables tout en maintenant une flexibilité dans l'approche pour encourager des solutions créatives.

Adoptez une attitude neutre envers l'échec et la critique; reconnaissez que l'innovation implique intrinsèquement des risques et l'apprentissage de ses erreurs. Soutenez votre équipe dans ces efforts, en les encourageant à analyser les revers de manière constructive plutôt que de les craindre. Enfin, tempérez les attentes concernant la réalisation de la perfection dès le premier essai, car cet état d'esprit peut étouffer l'innovation et perpétuer des méthodes conventionnelles. En valorisant le processus et le progrès, vous cultivez un environnement tourné vers l'avenir où la créativité prospère.

Techniques pour clarifier la compréhension et offrir des retours respectueux

Les communicateurs efficaces comprennent l'importance d'écouter véritablement les autres plutôt que de simplement se préparer à répondre. Pour éviter de donner l'impression de simplement "recharger" pendant que quelqu'un d'autre parle, prenez un moment après qu'ils aient terminé pour reformuler leurs points. Cela permet non seulement de vérifier votre compréhension, mais aussi de minimiser les risques de malentendu et de démontrer une écoute active. Si la clarté est encore nécessaire, n'hésitez pas à poser des questions supplémentaires.

En posant des questions pour clarifier, vous signalez à l'orateur que vous êtes vraiment engagé et que vous vous efforcez de saisir pleinement son point de vue.

Lors de l'expression de vos propres réactions et opinions, commencez les interactions par un moment de création de lien. Discuter d'un sujet non professionnel au début d'une réunion, comme la météo ou l'actualité, peut créer une atmosphère plus détendue, facilitant la réception de vos retours sans se sentir intimidés. Réfléchissez à tous les retours que vous recevez sur votre style d'interaction – êtes-vous perçu comme trop énergique ou peut-être pas assez engageant ? Adaptez votre approche de communication en fonction des retours de votre audience et de vos propres observations sur les méthodes qui donnent les meilleurs résultats dans différentes situations.

Sont-ils des experts dans le domaine, ou ont-ils besoin d'informations de base ? Le jargon technique peut convenir aux collègues, mais une présentation pour un client pourrait nécessiter des termes plus simples comme vous le verrez dans le sujet suivant. Cette sensibilité et cette adaptabilité dans vos communications peuvent créer un échange d'idées plus ouvert et constructif.

Adapter les messages pour une portée globale et une inclusivité

Pour communiquer efficacement à travers différents niveaux au sein d'une organisation, il est essentiel de considérer les caractéristiques spécifiques et la base de connaissances de votre audience. Déterminez ce qu'ils savent déjà et ce que vous avez besoin qu'ils fassent, puis adaptez vos écrits et présentations pour répondre à ces exigences. Engagez-vous régulièrement avec votre personnel pour comprendre les informations qu'ils trouvent les plus utiles et réciproquez en partageant vos attentes concernant les informations dont vous avez besoin d'eux. Employez plusieurs méthodes de communication pour garantir que votre message atteigne des groupes divers tout en maintenant un message sous-jacent cohérent. Ajustez votre style d'écriture et le niveau de détail en fonction de l'audience cible, en veillant à ce que le message central reste constant à travers toutes les communications.

Engagez-vous avec des individus de différentes entreprises ou cultures pour comprendre les variations de styles de communication et appliquez ces connaissances pour améliorer votre stratégie de communication. Incluez des représentants des groupes de parties prenantes clés dans le processus de développement du message pour garantir que le ton, le contenu et le niveau de détail sont appropriés pour chaque segment de votre audience.

Créer un environnement de travail inclusif et collaboratif

Structurez les réunions du personnel pour démocratiser le flux d'informations, en invitant divers membres de l'équipe à fournir des mises à jour et à partager des idées, plutôt que de vous positionner comme la seule source d'information. Adoptez une atmosphère où fournir des retours honnêtes, y compris des nouvelles potentiellement défavorables, est apprécié plutôt que pénalisé. **Exprimez votre gratitude envers ceux qui montrent le courage de fournir des mises à jour critiques**, en soulignant la valeur de leur honnêteté. Concentrez-vous intensément sur les idées, les pensées et les sentiments exprimés par les autres pendant les conversations, en veillant à ce qu'ils se sentent entendus et respectés.

En priorisant l'écoute plutôt que la réponse, vous montrez que leurs points de vue sont importants. Reconnaissez et intégrez les contributions des autres dans votre processus de prise de décision, montrant ainsi que leur contribution n'est pas seulement entendue mais aussi prise en compte, cultivant ainsi une culture de respect et de collaboration.

Stratégies pour un échange d'informations efficace

Pour garantir la clarté et l'impact de vos communications écrites, il est conseillé de sauvegarder d'abord des brouillons de courriels et de documents importants avant de les envoyer. Accordez-vous quelques heures pour revenir à ces brouillons, offrant une perspective fraîche pour identifier les erreurs et affiner votre message.

Pour les communications particulièrement critiques, envisagez de les faire réviser par un collègue de confiance pour garantir à la fois clarté et impact. Engagez-vous avec votre équipe et vos collègues pour déterminer les types d'informations qu'ils trouvent précieuses et établissez une compréhension mutuelle des communications que les deux parties désirent.

Votre grande présentation

En tant que chef d'équipe préparant une présentation qui compare les données actuelles avec celles de l'année précédente et prévoit les tendances futures, il est requis de structurer clairement votre présentation. Commencez par énoncer vos objectifs en alignement avec les objectifs stratégiques de votre organisation. Utilisez des graphiques et des tableaux bien conçus pour représenter visuellement les performances passées et les projections futures. Soyez prêt à répondre aux questions spontanées de la direction pendant la présentation. Approfondissez votre compréhension des données pour répondre avec confiance et concision. Souvenez-vous, avant de livrer une présentation formelle, répétez soigneusement pour affiner votre prestation et sollicitez des retours de collègues pour garantir que votre message est à la fois efficace et persuasif.

En fin de compte, une communication efficace est fondamentale pour le succès de toute organisation. Elle permet une compréhension claire, encourage la collaboration et construit la confiance entre les membres de l'équipe à tous les niveaux. En veillant à ce que les messages soient adaptés et répondent aux besoins de divers publics, les dirigeants peuvent faciliter une meilleure prise de décision, améliorer l'alignement organisationnel et encourager des résultats positifs. De plus, des pratiques de communication respectueuses et inclusives renforcent les relations et responsabilisent les individus, mettant en lumière l'impact profond qu'une communication habile peut avoir sur la réussite organisationnelle durable et un environnement de travail harmonieux.

Établir Et Maintenir Des Relations

Les leaders efficaces reconnaissent l'importance de gagner le soutien, la coopération et la bienveillance de leurs supérieurs, pairs et équipes pour atteindre leurs objectifs. Habiles à naviguer à travers les réseaux formels et informels au sein de leur organisation, ils gèrent avec adresse les divers besoins des différentes parties prenantes internes et externes. En adaptant leur approche pour répondre aux exigences variées, ces leaders favorisent un environnement collaboratif où la productivité prospère. En fin de compte, les leaders les plus performants sont ceux avec lesquels et pour lesquels les autres veulent travailler, car ils créent constamment des espaces de travail positifs et axés sur les résultats. Tout cela est rendu possible en maintenant des relations solides.

Maîtriser l'art du rapport

La construction de rapports efficaces est une compétence essentielle pour des interactions réussies, impliquant un échange mutuel d'informations et d'aperçus personnels. Ceux qui excellent dans la création de rapports partagent ouvertement leurs pensées sur les questions commerciales et encouragent les autres à répondre, améliorant ainsi la communication sur le lieu de travail et élargissant les perspectives. En révélant des détails personnels non nécessairement liés au travail, les leaders peuvent stimuler un sentiment de confiance et d'inclusivité parmi leurs membres d'équipe. Il est important de traiter les collègues en tant qu'individus et de faire un effort pour se souvenir de détails personnels tels que leurs intérêts ou leur vie familiale, ce qui peut servir de terrain commun dans les conversations au-delà de l'ordre du jour immédiat de l'entreprise. Observer le langage corporel peut également fournir des indications sur la réception de vos tentatives de connexion. Si vous remarquez des signes d'inconfort ou de désengagement, comme éviter le contact visuel ou hésiter dans la parole, cela peut indiquer qu'il est nécessaire d'ajuster votre approche.

Les signaux non verbaux jouent un rôle crucial dans la communication; maintenir le contact visuel, hocher la tête en signe d'accord et adopter une posture ouverte peuvent grandement améliorer la perception de votre engagement. Efforcez-vous de garder votre ton égal et détendu, et soyez attentif à ne pas submerger les autres avec une parole trop rapide ou trop insistante. Évitez les comportements suggérant un manque d'intérêt, comme vérifier votre téléphone ou faire plusieurs choses à la fois pendant les conversations. Pour ceux qui sont timides, pratiquer des conversations informelles avec des inconnus en dehors du travail peut renforcer la confiance. Observer et imiter comment les gens initient et maintiennent les communications avec assurance peut être très bénéfique.

S'engager dans des interactions sociales à faible risque peut progressivement améliorer votre confort et votre efficacité dans des situations plus difficiles ou professionnelles, améliorant ainsi votre capacité à établir des rapports dans une gamme de situations.

Cultiver le respect et l'inclusion dans des environnements de travail diversifiés

Dans les villes mondiales et multiculturelles, respecter et comprendre les personnes de divers horizons culturels, personnels et professionnels est essentiel. Une approche pratique pour combler les divisions culturelles consiste à s'engager avec des collègues dans des contextes quotidiens, comme pendant les déjeuners ou les événements après le travail. Ces moments offrent des opportunités précieuses pour échanger des points de vue et approfondir la compréhension interculturelle. Il est important de voir chaque personne comme un individu, d'éviter les stéréotypes et de remettre en question vos propres préjugés pour assurer un traitement juste et cohérent. Participer à des équipes ou à des activités où vous êtes en minorité peut offrir des perspectives perspicaces sur les expériences des autres et aider à stimuler l'empathie. Identifier et traiter toute gêne personnelle dans de tels contextes peut conduire à une plus grande inclusivité et compréhension. De plus, reconnaître la diversité linguistique de la main-d'œuvre, en particulier dans les environnements où beaucoup ne parlent pas la langue du pays comme langue maternelle, est crucial. Écouter activement toutes les contributions et adapter votre style de communication pour répondre aux différents besoins montre du respect et facilite un meilleur travail d'équipe.

Les leaders doivent adapter leurs styles de gestion non seulement aux antécédents culturels, mais aussi aux types de personnalité et aux niveaux d'expérience individuels. Cette approche personnalisée peut améliorer la dynamique de l'équipe et augmenter la productivité globale en veillant à ce que tous les membres de l'équipe se sentent valorisés et respectés. Cet engagement envers l'inclusivité enrichit non seulement la culture du lieu de travail, mais stimule également l'innovation et la collaboration en exploitant les forces et les perspectives diverses de tous les employés.

Exprimer des points de vue de manière constructive

Exprimer votre point de vue avec tact est nécessaire pour éviter les conflits inutiles qui peuvent perturber des discussions productives. Le choix des mots, le moment et le ton jouent un rôle significatif dans la manière dont les messages sont reçus et interprétés. Pour prévenir les conflits, assurez-vous que votre langage n'est pas offensant, évitez de hausser la voix et utilisez un ton neutre qui permet aux autres de garder leur dignité. Concentrez vos paroles sur le problème en cours plutôt que sur la personne impliquée, en décrivant clairement le problème et ses impacts sans attribuer de blâme. Commencer les conversations sur un terrain commun peut établir un ton positif et renforcer une relation coopérative. Le respect des positions des autres est essentiel pour créer un environnement harmonieux. Pour améliorer vos compétences en communication, tenez un registre des instances où vous vous abstenez d'interrompre les autres, leur permettant de terminer leurs pensées, et fixez-vous des objectifs pour améliorer ce comportement au fil du temps.

De plus, adoptez une approche basée sur les questions pour encourager le dialogue et réduire la perception de confrontation. Par exemple, au lieu de rappeler abruptement une échéance comme "N'oublie pas que le rapport sur la productivité est dû lundi matin", demandez "Comment avance le rapport sur la productivité ?" Cette méthode ouvre la communication, rendant les interactions plus collaboratives et moins conflictuelles.

Naviguer les défis et les conflits de manière constructive

Maintenir des relations positives, même dans des situations interpersonnelles difficiles, nécessite une conscience de soi et des actions délibérées. Commencez par identifier vos déclencheurs – ces points sensibles qui provoquent des réactions émotionnelles. Réfléchissez aux récentes occasions où vous avez perdu le contrôle de votre tempérament et essayez de comprendre pourquoi ces problèmes spécifiques vous ont affecté si intensément. Travaillez à imaginer et à pratiquer des réponses plus appropriées, en visant à réduire la fréquence de vos accès de colère réactifs.

Lorsque vous êtes confronté à un déclencheur, pratiquez la pause avant de réagir pour envisager un comportement plus constructif. Efforcez-vous de répondre objectivement, en vous concentrant sur la description des problèmes plutôt que d'attaquer la personne impliquée. L'écoute active joue un rôle crucial; faites un effort concerté pour comprendre le point de vue de l'autre personne, en lui laissant suffisamment d'espace pour articuler ses sentiments et opinions. Mettez en avant votre intérêt pour leurs points de vue et exprimez votre confiance dans la recherche d'une solution mutuellement acceptable. Terminez les interactions sur une note amicale en faisant passer la conversation à des sujets non liés au travail, ce qui peut aider à renforcer davantage la relation.

Pour éviter que les conflits ne s'aggravent, cultivez un équilibre sain entre vie professionnelle et vie privée et engagez-vous dans des activités physiques, car l'exercice peut être un moyen efficace de gérer le stress et de contrôler son tempérament. Lorsque des conflits surgissent, maintenez votre objectivité et souvenez-vous que la résistance concerne généralement plus la situation que la personne. Restez concentré sur les objectifs commerciaux et écoutez les retours pour y répondre de manière appropriée. Ancrez toujours les discussions dans les faits et les objectifs partagés. En vous mettant à la place de l'autre personne, vous pouvez comprendre ses réactions et favoriser une compréhension plus empathique. Apprendre comment vos pairs gèrent des défis similaires et appliquer des stratégies viables peut également vous aider à rester résilient et positif, en vous assurant de rebondir après les conflits sans garder de rancune.

Aller au-delà du conflit sans ressentiment

Pour rebondir efficacement après un conflit et éviter de garder des rancunes, il est nécessaire de maintenir son objectivité et de se rappeler que la résistance au travail n'est généralement pas personnelle, mais un aspect normal des interactions professionnelles. Concentrez-vous sur les faits et les objectifs partagés et orientez systématiquement les discussions vers ces éléments. Écouter les retours et y répondre de manière réfléchie est essentiel; cela démontre un engagement à comprendre et à traiter les problèmes sous-jacents. Reconnaître que les conflits surviennent souvent de la passion pour son travail peut aider à développer de l'empathie envers les autres.

Avant de réagir de manière défensive, essayez de voir la situation du point de vue de l'autre personne, en considérant comment elle pourrait se sentir et pourquoi elle a réagi ainsi. De plus, engagez-vous avec vos collègues pour obtenir des perspectives sur la manière dont ils gèrent des situations similaires et restent positifs malgré les défis. Apprendre des expériences des autres et adopter des stratégies qui résonnent avec vos circonstances peut être inestimable. Cette approche aide non seulement à résoudre les conflits actuels, mais aussi à prévenir les malentendus futurs et à favoriser un environnement de travail plus coopératif et solidaire.

Se concentrer sur les solutions, pas sur les personnalités

Résoudre les conflits de manière constructive est essentiel pour établir des relations de coopération et nécessite d'adopter une approche de partenariat. Cela implique d'augmenter l'équité des dialogues, de ne pas chercher à gagner chaque argument, mais plutôt de trouver un terrain d'entente qui reflète des intérêts mutuels. Il est utile de concéder sur des points mineurs et d'éviter des positions rigides dès le départ. Montrer du respect pour les opinions des autres et minimiser les conflits sont des étapes cruciales. Lorsque les tensions montent, donnez à l'autre partie l'espace nécessaire pour exprimer ses frustrations sans interruption. Engagez-les avec des questions ouvertes telles que "Quel changement pourrait améliorer notre collaboration ?" ou "Comment puis-je vous aider efficacement ?" Cela leur permet de se défouler, réduisant potentiellement l'intensité de leurs préoccupations en parlant.

Négociez en continu en explorant ce dont l'autre partie a besoin et ce que vous pouvez offrir en dehors du conflit immédiat, facilitant une dynamique de donner-et-recevoir. Il est essentiel de comprendre et d'articuler le point de vue opposé aussi précisément que les parties prenantes le font, montrant que vous considérez leur perspective comme valide. Ne vous fixez pas sur une seule solution; explorez plutôt diverses options pour résoudre le problème. Face à un défi, évitez de vous concentrer sur une seule réponse. Brainstormez une variété de solutions potentielles, en considérant différents angles et approches. Si vous êtes bloqué, consultez un collègue de confiance qui peut fournir une perspective impartiale et peut-être suggérer des solutions alternatives.

Cet apport externe pourrait également vous inspirer à reconsidérer votre position si elle manque de soutien suffisant. Soyez toujours prêt à vous adapter et à brainstormer avec votre équipe pour des stratégies alternatives qui atteignent les résultats souhaités, démontrant flexibilité et ouverture à différentes approches dans la résolution de conflits.

Exploiter la diversité entre les fonctions et les lieux

Un réseautage efficace consiste à cultiver des relations non seulement au sein de votre propre équipe ou département, mais aussi à travers diverses fonctions et lieux, tant à l'intérieur qu'à l'extérieur de l'organisation. Initiez des réunions avec des pairs de différentes unités de travail pour découvrir comment vos équipes peuvent collaborer plus efficacement. Mettez en œuvre leurs suggestions à travers des plans structurés et envisagez d'inclure des personnes extérieures à votre unité de travail dans vos projets, soit par des transferts temporaires, soit comme membres à temps partiel de votre équipe principale. Élargissez davantage votre réseau en dirigeant un groupe de travail pour traiter des problèmes critiques au sein de votre organisation, impliquant des groupes divers de différentes fonctions.

En dehors de l'organisation, rejoignez des groupes professionnels pour obtenir des perspectives plus larges, du coaching et du soutien. Engagez-vous avec des pairs des organisations de fournisseurs et de clients pour comprendre leurs perspectives sur les défis partagés et explorer les opportunités de collaboration plus étroite.

Naviguer dans la politique organisationnelle et les intérêts des parties prenantes

Pour prévenir et résoudre efficacement les conflits émergents, engagez-vous avec les principales parties prenantes individuellement avant les réunions importantes. Ce dialogue en tête-à-tête vous permet d'expliquer clairement vos propositions et de comprendre leurs positions et préoccupations, favorisant une exploration mutuelle des solutions potentielles.

Impliquer les parties prenantes dès le début du processus de recherche de solutions les aide à devenir des défenseurs de la mise en œuvre de ces solutions. Il est également crucial de développer une compréhension aiguë du paysage politique de votre organisation en identifiant les influenceurs clés et les leaders d'opinion. En comprenant qui a de l'influence et à qui les autres prêtent attention, vous pouvez adapter vos stratégies de communication pour résonner avec ces individus, en veillant à ce que votre message atteigne les bonnes oreilles.

Reconnaître que l'influence dans la prise de décision peut ne pas toujours s'aligner avec l'ancienneté peut vous guider pour engager les bonnes personnes pour soutenir vos initiatives, garantissant une exécution plus fluide des projets et une harmonie organisationnelle.

Médiation des conflits et facilitation de l'accord

En tant que médiateur efficace, votre rôle est de faciliter le consensus entre des groupes aux points de vue divergents, particulièrement sur des questions critiques. Maintenez le dialogue en cours et efforcez-vous de résoudre les différends dès les premières étapes pour éviter l'escalade.

Si les discussions deviennent houleuses, envisagez de programmer des pauses pour permettre aux émotions de se calmer et éviter que les conversations ne deviennent personnelles ou destructrices. Établissez dès le départ des règles claires pour les réunions, telles que rester objectif, aborder directement les problèmes et adopter une approche constructive.

Référez-vous à ces règles pour maintenir les discussions sur la bonne voie si les participants s'égarent. Utilisez des supports visuels comme un tableau à feuilles pour souligner les intérêts communs et les domaines potentiels de compromis, ce qui peut renforcer visuellement les possibilités d'accord et minimiser les points de discorde. Dans des situations difficiles, faire appel à un facilitateur tiers peut offrir une perspective impartiale pour aider à maintenir le contrôle de l'ordre du jour de la réunion, offrant une opportunité d'apprentissage en observant des techniques de négociation efficaces.

Valoriser la diversité et favoriser l'engagement au sein de l'organisation

Pour soutenir une culture où chacun se sent valorisé et respecté, commencez par communiquer clairement les valeurs de l'organisation et les comportements attendus lors des réunions d'équipe. Encouragez l'équipe à établir ses propres règles de comportement en alignement avec ces valeurs. Assurez-vous que chaque membre ait l'occasion de s'exprimer lors des réunions, en sollicitant activement les contributions de ceux qui sont moins enclins à partager leurs pensées spontanément.

Reconnaissez et remerciez les individus qui démontrent des comportements positifs servant de modèles pour l'équipe. Mettez en place une métrique pour suivre la diversité au sein des fonctions critiques ou des domaines d'affaires, en fixant des objectifs spécifiques liés à cette métrique. Discutez régulièrement des progrès vers ces objectifs de diversité avec vos leaders, en maintenant un focus sur l'amélioration continue et l'inclusivité à tous les niveaux de l'organisation.

La gestion efficace des relations est cruciale tant dans les contextes personnels que professionnels, reposant sur les principes de communication, de respect et d'empathie. Pour favoriser les relations, il est essentiel d'écouter activement, de partager ouvertement et de valoriser les perspectives diverses. Maintenir un rapport positif nécessite de comprendre et de répondre aux besoins et aux points de vue des autres, d'établir la confiance et de garantir des interactions constantes et constructives. En mettant l'accent sur l'équité, l'inclusivité et la coopération, et en gérant les conflits de manière réfléchie, les individus peuvent cultiver des connexions durables qui sont mutuellement bénéfiques et solidaires.

Cette approche non seulement améliore la dynamique interpersonnelle mais conduit également à un succès collectif dans la réalisation des objectifs communs.

Encourager Le Travail D'équipe

Dans l'environnement complexe d'aujourd'hui, une collaboration efficace entre les différents départements est essentielle. Bien que les réalisations individuelles soient remarquables, les efforts collectifs produisent souvent des résultats supérieurs. Les leaders doivent donc affiner leurs compétences en matière de travail d'équipe et de collaboration interdépartementale. Il est crucial qu'ils comprennent et facilitent les dynamiques des interactions d'équipe pour tirer parti des talents et des perspectives diversifiés que chaque membre apporte. Cette approche collaborative amplifie non seulement les forces individuelles, mais elle propulse également l'ensemble de l'organisation vers une plus grande innovation et succès.

Valoriser les contributions et encourager le travail d'équipe au-delà des frontières

Pour cultiver un milieu de travail dynamique et innovant, il est essentiel de reconnaître et de célébrer les contributions des membres de l'équipe. Les leaders doivent s'assurer que la reconnaissance des bonnes idées et des mises en œuvre réussies dépasse leurs unités de travail immédiates. Promouvoir activement et adopter les meilleures idées des membres de l'équipe non seulement favorise la pensée créative, mais construit également une culture où les employés se sentent encouragés à s'apprécier mutuellement de manière ouverte. Organiser des événements pour reconnaître les réalisations de l'équipe peut renforcer cette culture de gratitude et de reconnaissance.

Élargir la collaboration au-delà des lignes départementales traditionnelles est une autre stratégie clé pour améliorer l'efficacité organisationnelle. Les leaders doivent chercher des occasions de rencontrer des pairs de différents départements pour explorer comment les équipes peuvent coopérer de manière plus harmonieuse. Développer des plans pour intégrer ces suggestions et impliquer des individus d'autres départements dans des projets, que ce soit par des affectations temporaires ou une implication à temps partiel, peut améliorer considérablement les résultats des projets. De plus, s'engager avec des parties prenantes externes comme les fournisseurs et les clients pour collaborer sur des projets mutuellement bénéfiques peut ouvrir de nouvelles avenues pour l'innovation.

Permettre aux membres de l'équipe de participer à des projets externes non seulement aide au développement des compétences et favorise une vision globale, mais positionne également votre équipe en tant que partenaire collaboratif au sein et en dehors de l'organisation.

Instaurer des valeurs et des normes partagées pour un succès collectif

Pour construire la cohésion de l'équipe, il est essentiel d'établir, de communiquer et de renforcer des valeurs partagées et des normes de comportement. Les leaders doivent encourager leurs équipes à établir et à adhérer à des règles claires qui favorisent des interactions constructives, telles que ne pas interrompre les autres, construire sur les idées des collègues, arriver ponctuellement aux réunions et se tenir mutuellement responsables des résultats. Des rappels réguliers de ces règles lors des réunions d'équipe aident à maintenir la discipline et le respect mutuel.

Développer un sens commun de direction est tout aussi important. Un état d'esprit unifié et une mission partagée inspirent des performances élevées. Impliquer les membres de l'équipe dans la définition des objectifs collectifs, des métriques et des marqueurs de succès est crucial. Fixer et examiner les étapes clés permet à l'équipe de suivre efficacement ses progrès. Cette approche structurée non seulement clarifie les attentes mais renforce également le dévouement de l'équipe à leur mission collective.

Assurer l'inclusivité et la sensibilisation dans la prise de décision

Lorsqu'on dirige un projet, il est nécessaire d'identifier et d'impliquer toutes les parties prenantes qui pourraient être impactées par les résultats du projet. Engagez ces individus ou groupes à des étapes pertinentes pour s'assurer que leurs perspectives et besoins sont pris en compte, en maintenant une communication ouverte et fréquente tout au long du cycle de vie du projet. De plus, renforcer votre équipe avec des personnes extérieures à votre département, par le biais de transferts temporaires ou de rôles à temps partiel, peut fournir de nouvelles perspectives et favoriser la collaboration interdépartementale. Pour comprendre pleinement le contexte commercial plus large et améliorer la pertinence et l'efficacité de votre projet, envisagez de visiter d'autres sites ou de participer à leurs projets.

Cela permet non seulement de mieux comprendre les différentes parties de l'organisation, mais aussi de vous préparer à mieux impliquer ces secteurs dans de futures initiatives. Tenez toujours compte des impacts potentiels sur les fournisseurs et les clients, et communiquez de manière proactive avec eux à propos de tout plan pouvant affecter leurs opérations. Leurs expériences avec des défis similaires peuvent offrir des conseils pratiques et un soutien, garantissant que votre projet réussisse non seulement en interne, mais aussi qu'il s'aligne bien avec les besoins et les attentes des partenaires externes. Cette approche globale de l'engagement des parties prenantes aide à prendre des décisions éclairées et renforce le succès global du projet.

Soutien Mutuel et Apprentissage

Pour optimiser les performances de l'équipe, il est essentiel de cultiver un environnement où la confiance prospère, encourageant les membres de l'équipe à explorer et exploiter leurs forces uniques et à aborder leurs besoins de développement. En évaluant les projets en fonction des compétences requises pour une exécution réussie et en identifiant les lacunes éventuelles, les équipes peuvent mettre en œuvre des plans ciblés pour l'amélioration des compétences. Les activités sociales et la célébration des réussites jouent également un rôle crucial dans la cohésion de l'équipe, car ces interactions approfondissent la compréhension mutuelle et améliorent l'efficacité collective.

Encourager les membres de l'équipe qui ne collaborent pas habituellement à travailler ensemble sur des projets peut être une stratégie efficace de renforcement d'équipe. En demandant aux membres de l'équipe d'articuler les contributions uniques de chacun, tous acquièrent une perspective plus claire des diverses forces au sein de l'équipe. Cet exercice aide à élaborer une liste qui met en évidence à la fois les similitudes et les différences entre les membres de l'équipe, favorisant l'appréciation des compétences et expériences variées. Construire une équipe performante repose sur le rassemblement de tous autour d'un objectif commun, la définition de défis significatifs et la fourniture de l'autonomie et des ressources nécessaires.

Reconnaître régulièrement leurs contributions, s'intéresser activement à leurs tâches, établir des résultats clairs et mesurables et célébrer les succès collectivement sont autant de stratégies qui renforcent la motivation et poussent les équipes vers une performance exceptionnelle.

Influence et coopération entre pairs

Pour contribuer efficacement aux résultats de groupe, il est impératif de développer vos compétences d'influence. Commencez par identifier comment vous pouvez aider les autres dans votre équipe, car cela encourage souvent un soutien réciproque. Investissez du temps pour comprendre les perspectives de vos collègues, en particulier ceux dont vous avez besoin de soutien. Considérez l'impact de votre travail sur eux et si c'est négatif, explorez des moyens de l'atténuer, comme offrir votre personnel pour alléger leur charge de travail ou souligner les résultats positifs potentiels de vos actions. Soyez conscient de l'impression que vous donnez aux autres; un style interpersonnel positif améliore votre capacité à construire des relations productives, tandis qu'un style négatif peut être préjudiciable.

Chercher des retours de collègues de confiance sur la manière dont vous êtes perçu peut fournir des informations précieuses pour améliorer vos interactions. Promouvez un esprit de coopération plutôt que de compétition en étant ouvert sur vos processus de réflexion et en invitant les autres à partager les leurs. Avant de pousser pour une solution spécifique, générez et considérez une gamme de possibilités, laissant de la place pour les ajustements par les autres. Cette approche aide à maintenir l'accent sur les objectifs partagés et invite à un dialogue ouvert sur les défis et solutions potentiels. Traitez les désaccords de manière constructive en posant des questions de clarification et en comprenant les raisons des points de vue divergents.

Lorsque des conflits surgissent, gérez-les directement mais poliment et en privé, en vous concentrant sur le problème plutôt que sur les attributs personnels. <u>Face à un point de vue différent, ne vous empressez pas de défendre le vôtre.</u> Posez plutôt des questions de clarification. Quelles préoccupations spécifiques l'autre personne a-t-elle ? Quelle est la logique sous-jacente à son point de vue ? Enfin, vous pouvez déplacer la conversation de "qui a raison" à "comment pouvons-nous avancer" et travailler ensemble pour brainstormer des solutions qui répondent aux préoccupations de chacun.

En laissant de la place aux autres pour articuler leurs positions et en concédant potentiellement sur des points mineurs, vous aidez à maintenir l'harmonie de l'équipe et à résoudre les problèmes collectivement. Cette approche équilibrée et respectueuse favorise non seulement de meilleures relations, mais assure également que vous êtes un membre intégral et productif de toute équipe.

Autonomiser les autres pour atteindre des objectifs collectifs

La délégation est une compétence critique pour les leaders, offrant des avantages doubles : elle libère non seulement votre temps mais favorise également la motivation et le développement au sein de votre équipe. <u>Les leaders aiment se libérer des détails pour se concentrer sur la réflexion stratégique, les objectifs globaux et autres tâches de haut niveau nécessitant leur expérience unique et leur leadership</u>. Lorsque les leaders délèguent efficacement, ils confient aux membres de leur équipe la responsabilité et la propriété. Apprendre à déléguer efficacement peut être difficile mais est essentiel pour la croissance du leadership personnel et l'autonomisation de l'équipe.

Pour déléguer efficacement, commencez par construire la confiance et prendre le temps de développer les compétences de vos membres d'équipe. Il est important de se rappeler que la délégation ne signifie pas renoncer à la responsabilité. Au contraire, elle nécessite une approche structurée pour garantir une compréhension claire des attentes. Attribuez des tâches en fonction des compétences individuelles ou des besoins de développement, en donnant idéalement aux membres de l'équipe des responsabilités qui étendent légèrement leurs capacités actuelles. Cette approche encourage la croissance et augmente l'engagement. Une bonne délégation implique de faire correspondre la complexité de la tâche à la capacité du délégué, améliorant ses chances de succès. Une fois la tâche déléguée, suivez les progrès grâce à des points de contrôle temporels ou à des jalons basés sur les résultats, ce qui permet de maintenir la supervision sans avoir besoin de micro-gestion. Encouragez une communication ouverte, en laissant savoir aux membres de l'équipe qu'ils peuvent demander des conseils si nécessaire, mais abstenez-vous de comportements intrusifs.

Intervenez seulement si les résultats ne répondent pas aux attentes. En suivant ces étapes, vous pouvez utiliser efficacement la délégation pour améliorer les performances individuelles et de groupe, menant à une réalisation plus efficace des objectifs organisationnels.

Ouverture et Innovation

Pour exploiter efficacement l'intelligence collective de votre équipe, initiez des séances de brainstorming structurées autour des meilleures pratiques. <u>Le brainstorming réunit différentes perspectives et expériences, menant à une gamme d'idées plus large que celle qu'un individu seul pourrait produire</u>. Cette approche garantit que toutes les idées sont prises en compte, permettant à chaque membre de l'équipe de contribuer. Ces sessions sont souvent enrichies par des idées inattendues provenant de sources diverses. Pour maximiser la créativité, créez un environnement protégé qui met le groupe à l'abri des interruptions et des pressions externes, en particulier celles exigeant des résultats prématurés.

Intégrez les retours des parties prenantes dès le début du processus de projet pour aligner les livrables et les résultats sur les objectifs organisationnels plus larges, tout en restant flexible dans les méthodes utilisées pour atteindre ces objectifs. Cette intégration permet à la portée du projet d'évoluer en fonction des contributions directes de ceux qu'il impactera.

Encouragez votre équipe à chercher l'inspiration au-delà de l'organisation en explorant des exemples externes d'innovation et des meilleures pratiques. Collaborer avec des pairs professionnels en dehors de votre ligne de métier peut également fournir de nouvelles perspectives sur les défis actuels et offrir des solutions adaptables.

De plus, sollicitez des retours de ces pairs sur vos propositions d'affaires, présentations ou plans de projet. Les perspectives externes peuvent être inestimables pour affiner vos stratégies et clarifier les messages clés que vous souhaitez communiquer, en veillant à ce qu'ils résonnent bien avec le public visé.

Interactions et Contributions Efficaces de l'Équipe

Comprendre les étapes du développement d'équipe — **Forming, Storming, Norming, et Performing** — est essentiel pour faciliter des interactions d'équipe efficaces. Reconnaissez les comportements associés à chaque étape et aidez l'équipe à passer en douceur à la phase suivante grâce à des activités de renforcement d'équipe ciblées. Favorisez la haute performance en fixant des défis significatifs, en appréciant les efforts des membres de l'équipe, en leur fournissant autonomie et ressources nécessaires, et en vous intéressant activement à leurs tâches. Établissez des résultats clairs et mesurables et célébrez les succès tant pendant qu'à la fin des projets.

Pour vraiment comprendre et motiver votre équipe, identifiez les compétences et les motivateurs uniques de chaque membre. Organisez des réunions individuelles mensuelles pour explorer leurs motivations et objectifs de carrière, ce qui aide à adapter le soutien et les opportunités de développement de manière efficace. Investissez dans le développement de l'équipe en organisant des visites chez les clients, les fournisseurs et d'autres unités organisationnelles, et en fournissant un coaching et des retours personnalisés.

Mettez l'accent sur la diversité dans la composition de l'équipe pour inclure une gamme de parcours, de compétences et de perspectives, en veillant à un mélange de rôles tels que les coordinateurs, les générateurs d'idées, les finisseurs, les chercheurs et les réseauteurs.

Assurez-vous que l'équipe équilibre son attention entre la tâche à accomplir et la construction des relations. Fixez des objectifs clairs et des buts individuels et tenez des réunions régulières pour surveiller les progrès et le respect des délais. Célébrez les étapes de performance et, si des problèmes de performance surviennent, envisagez de faire appel à un coach d'équipe. Un coach externe, qu'il soit issu des RH ou un expert extérieur, peut offrir des perspectives objectives et aider à identifier et à résoudre les comportements impactant la performance de l'équipe. Cette approche améliore non seulement l'efficacité de l'équipe mais construit également un environnement d'équipe résilient, collaboratif et hautement performant.

Unité et collaboration au sein de l'organisation

Pour décourager la mentalité divisionnaire du « nous contre eux » au sein des équipes, il est important de remettre en question les perceptions négatives et d'encourager une compréhension plus large du rôle et de la valeur de chaque partie prenante. Commencez par vous assurer que votre équipe non seulement reconnaît, mais aussi respecte les contributions de toutes les parties prenantes de l'organisation. Une stratégie efficace consiste à organiser des visites ou des affectations sur le terrain qui exposent les membres de l'équipe à différentes parties de l'organisation, élargissant ainsi leurs perspectives et favorisant un sentiment d'unité. Alignez les comportements de l'équipe avec les valeurs fondamentales de l'organisation et fournissez un coaching et des retours adaptés pour traiter les écarts éventuels. Intégrer un membre d'une organisation externe dans votre équipe pour des projets spécifiques peut également être une expérience transformative, favorisant la compréhension et la collaboration inter-équipes.

De plus, expliquez clairement à votre équipe comment elle s'intègre dans la chaîne de valeur globale, en détaillant à la fois ses contributions et celles des autres équipes. Cette approche aide les membres de l'équipe à voir le tableau d'ensemble et à apprécier leur rôle en tant que partie d'une équipe plus large, réduisant ainsi la pensée « nous contre eux » et améliorant la synergie organisationnelle.

Faciliter une exécution fluide sans limites

Pour éliminer efficacement les obstacles dans n'importe quel projet ou cadre d'équipe, une approche stratégique et proactive est nécessaire. Commencez par identifier les risques potentiels et développez des stratégies d'atténuation. Si des problèmes surviennent qui menacent le succès du projet, escaladez-les rapidement à votre superviseur pour obtenir le soutien et les ressources nécessaires. Rédiger un solide dossier commercial est essentiel pour négocier efficacement les ressources dont votre projet a besoin. Maintenez et cultivez des relations de donne-et-prends avec des personnes clés dans toute l'organisation – vers le haut, vers le bas et latéralement. Une communication régulière est cruciale pour garder ces relations fortes et bénéfiques.

Imposez des règles d'équipe qui découragent les membres de saper les décisions et engagements collectifs, en abordant immédiatement tout comportement négatif pour maintenir l'unité et la concentration de l'équipe. <u>Anticipez et planifiez la résistance au changement en intégrant un plan complet d'engagement des parties prenantes dans chaque nouveau projet ou initiative</u>. Cela devrait inclure une évaluation de la possession, par ceux affectés par le projet, des compétences nécessaires pour s'adapter aux nouveaux processus et politiques. Si des lacunes existent, priorisez la formation et le développement dans votre plan de projet pour garantir des transitions et une adoption en douceur. Cette approche holistique non seulement atténue les risques, mais améliore également la viabilité et le succès du projet grâce à une meilleure collaboration et préparation des parties prenantes.

Le travail d'équipe est essentiel pour atteindre les objectifs organisationnels car il combine des compétences, des expériences et des perspectives diverses pour résoudre des problèmes complexes de manière plus efficace. Il crée un environnement collaboratif où les idées peuvent croître et l'innovation prospérer. Grâce au travail d'équipe, les individus apprennent les uns des autres et améliorent leurs compétences, tout en construisant des relations qui contribuent à une culture de travail plus cohésive. De plus, le travail d'équipe facilite l'allocation efficace des ressources, garantissant que les projets sont achevés avec succès et dans les délais. Reconnaître la valeur du travail d'équipe est fondamental pour un lieu de travail productif, engageant et résilient.

Confiance

La crédibilité et la confiance sont fondamentales pour le succès de toute équipe et de toute entreprise. Pour les leaders qui aspirent à exceller, leurs actions doivent toujours et systématiquement s'aligner sur leurs paroles et leurs promesses. En tant que leader, vous donnez le ton et servez de modèle de fiabilité et de crédibilité. Votre comportement établit les normes qui seront reproduites dans toute l'organisation. Lorsque vous démontrez de l'intégrité dans vos actions, vous améliorez non seulement l'efficacité de votre leadership, mais vous inspirez également tous les employés à respecter ces valeurs, favorisant une culture de confiance et de respect dans toute l'entreprise.

Assurer l'équité et la cohérence

En tant que leader, vous devez évaluer régulièrement vos interactions avec les membres de l'équipe pour vous assurer que vous traitez tout le monde de manière équitable et cohérente. Cela implique de s'auto-surveiller pour identifier les biais ou les modèles, tels que montrer moins de respect aux moins performants, aux personnes de statut inférieur ou à celles de différents horizons culturels ou organisationnels. Prenez des mesures proactives pour rectifier toute iniquité dans votre comportement. Assurez-vous que toutes les parties prenantes aient un accès égal aux informations nécessaires, évitant d'utiliser les informations comme une récompense sélective ou un outil de renforcement des relations. Maintenez des normes de comportement uniformes, en veillant à ce que les actions acceptables pour les meilleurs performeurs soient également acceptables pour les autres. Soyez vigilant à ne pas appliquer des normes différentes en fonction du sexe, de l'âge, de la nationalité, de l'origine ethnique ou de la religion. Solliciter des retours de la part de membres de groupes divers peut fournir des informations précieuses sur la façon dont vos actions sont perçues. Pendant les réunions, faites un effort conscient pour inclure tout le monde, donnant à chacun une chance égale de participer. Prenez le temps après les réunions ou les entretiens individuels de réfléchir à vos interactions. <u>Est-ce que tout le monde a eu l'occasion de parler ? Avez-vous accordé un poids égal à différentes idées</u> ? Encouragez les individus plus calmes ou plus réservés à exprimer leurs opinions, développant ainsi un environnement inclusif où toutes les voix sont entendues et valorisées.

Cohérence dans la pratique et la politique

Adhérer au Code d'éthique de votre entreprise est vital lors de la gestion d'informations sensibles, notamment dans les domaines nécessitant une stricte confidentialité et intégrité. Ces documents ne sont pas seulement une ressource mais un guide pour un comportement éthique au sein de l'organisation. Si vous rencontrez des ambiguïtés ou des incertitudes dans le respect de ces politiques, consultez votre équipe juridique pour vous assurer que vos actions s'alignent à la fois sur l'esprit et la lettre de la loi. Participez activement au cycle de retour d'information sur les politiques en signalant toute divergence ou inefficacité que vous observez dans les politiques actuelles, facilitant leur amélioration et garantissant qu'elles sont appliquées équitablement partout.

<u>Lors de la prise d'exceptions aux règles standard, maintenez un raisonnement transparent pour garantir que ces exceptions sont basées sur des faits objectifs plutôt que sur des relations personnelles.</u> De plus, lors de l'évaluation des performances, appliquez des normes cohérentes à tous les groupes démographiques, y compris le sexe, l'âge, la nationalité, l'origine ethnique ou la religion, pour garantir l'équité et prévenir les biais. Cet engagement envers la cohérence éthique renforce non seulement l'intégrité personnelle mais aussi le cadre éthique global de l'organisation.

Fiabilité dans les engagements professionnels

Maintenir la fiabilité et la confiance dans un cadre professionnel signifie ne pas trop promettre ou exagérer votre capacité à livrer. Bien que cela puisse sembler utile sur le moment, faire des engagements que vous ne pouvez pas tenir peut nuire à votre crédibilité et être perçu comme un échec à tenir vos promesses. Réfléchissez aux instances passées où vous avez peut-être manqué à cet égard et envisagez d'adopter des approches alternatives à l'avenir pour éviter la répétition de ces erreurs. Agissez prudemment et évitez de tirer des conclusions hâtives. Prenez le temps nécessaire pour prendre des décisions bien réfléchies, en veillant à ce que vos actions s'alignent systématiquement sur vos engagements. Assistez diligemment aux réunions et rendez-vous convenus et utilisez des systèmes de gestion du temps efficaces pour garder vos engagements sur la bonne voie. Communiquez ouvertement avec vos collègues sur les comportements que vous essayez d'améliorer et cherchez leur aide et leurs retours.

Cela non seulement aide à faire un effort concerté vers le changement, mais vous maintient également responsable et concentré sur vos objectifs personnels. De telles pratiques soutiennent une culture de fiabilité et de respect, améliorant à la fois le succès personnel et organisationnel.

Responsabilité des actions

Accepter la responsabilité de ses performances et de ses actions est une caractéristique clé d'un professionnel responsable et respecté. <u>Il est nécessaire d'admettre ses erreurs rapidement et de communiquer de manière transparente avec toutes les personnes concernées, en détaillant les impacts potentiels et en assumant l'erreur, qu'elle soit individuelle ou collective au sein de votre équipe</u>. La reconnaissance publique des erreurs, lorsqu'elle est nécessaire, renforce la responsabilité personnelle et démontre l'humilité, améliorant ainsi votre crédibilité et votre fiabilité.

Utilisez un langage clair et sans ambiguïté pour communiquer, en évitant les déclarations pouvant être interprétées comme des promesses, afin de minimiser les confusions. Rejeter la faute sur les autres ou sur des circonstances extérieures mine la responsabilité. Rappelez-vous que vous ne pouvez pas prétendre au mérite des succès si vous n'êtes pas prêt à accepter la responsabilité des échecs. Faites attention au langage que vous utilisez lorsque vous discutez des revers de projet ; concentrez-vous sur la présentation des faits et des solutions plutôt que des excuses. Cette approche aide non seulement à rectifier la situation, mais elle renforce également votre réputation en tant que leader orienté vers les solutions et fiable.

Préjugés personnels dans la prise de décision

Pour garantir que les décisions sont basées sur des faits plutôt que sur des préjugés personnels, des agendas ou des stéréotypes, il est essentiel de recueillir des informations provenant de sources multiples. Résistez à l'inclination de ne chercher que les données qui soutiennent vos idées préconçues. Montrer une approche orientée vers l'équipe en utilisant un langage inclusif comme « nous » et « l'équipe » aide à distribuer équitablement la reconnaissance et à éviter les récits égocentriques.

Soyez introspectif quant à vos motivations ; reconnaître ouvertement les désirs ou les avantages personnels peut prévenir les perceptions de tromperie, surtout lorsque les décisions pourraient vous favoriser, vous ou votre organisation.

Il est également vital de consulter des individus issus de divers horizons avant de finaliser des décisions importantes. Cette pratique aide à atteindre une interprétation équilibrée des données, enrichissant votre perspective et améliorant la crédibilité de vos conclusions. En adoptant ces stratégies, vous prenez non seulement des décisions plus informées et impartiales, mais vous favorisez également une culture de transparence et de confiance au sein de votre organisation.

Communiquer des informations difficiles avec intégrité

Lorsqu'il s'agit de transmettre des informations difficiles, il est crucial de communiquer de manière claire et directe. Préparez-vous en formulant deux ou trois déclarations concises, basées sur des faits et défendables, minimisant l'influence des émotions. Si l'information est personnelle, assurez-vous qu'elle soit délivrée en privé et à un moment approprié, en tenant compte des sensibilités impliquées sans être influencé par des facteurs politiques. Abordez ces situations avec audace, tout en maintenant une attitude prudente pour respecter la perspective du destinataire.

Faites preuve d'empathie en considérant comment vous vous sentiriez si quelqu'un vous cachait des informations importantes qui auraient pu corriger une situation problématique. Cela peut vous guider pour agir de manière éthique et transparente. Adhérez à vos principes et suivez rigoureusement les processus établis. Choisissez vos combats avec sagesse ; insister excessivement sur des informations négatives peut amener les autres à discréditer vos messages. Maintenir un équilibre dans votre approche aidera à préserver votre crédibilité et à garantir que vos communications soient prises au sérieux et respectées.

Aligner les actions avec les valeurs

Maintenir la cohérence dans vos valeurs et principes est essentiel pour instaurer la confiance au sein de votre organisation. Soyez conscient de tout conflit interne et évitez d'envoyer des messages contradictoires, ce qui peut semer la confusion et éroder la confiance parmi vos membres d'équipe. Assurez-vous que vos messages restent cohérents auprès des différents publics, en ajustant seulement le ton et le vocabulaire pour convenir à des groupes spécifiques tout en gardant les idées sous-jacentes inchangées.

Les actions doivent toujours correspondre aux paroles; montrez une véritable préoccupation pour les autres à travers votre disponibilité, votre approche et votre volonté d'aider. En incarnant les valeurs que vous prônez, vous renforcez votre engagement envers les normes éthiques et favorisez un environnement où l'intégrité est à la fois attendue et respectée.

Tenir fermement aux principes

Pour transmettre efficacement un sens clair de ses valeurs fondamentales en tant que leader, il est essentiel de communiquer ces valeurs de manière cohérente et de les défendre sans faille. Évitez de céder aux pressions extérieures qui vous incitent à dévier de ce que vous croyez être juste. Avoir une compréhension claire de vos principes de base en tant que leader facilite l'identification des moments où la pression extérieure vous pousse dans la mauvaise direction. Réfléchissez à ce qui est le plus important pour vous - l'équité, la transparence, l'intégrité ? Fournissez des réponses complètes et honnêtes aux questions difficiles, car retenir des informations peut être perçu comme de la malhonnêteté ou un manque de courage et d'intégrité.

Soyez attentif aux commentaires que vous faites sur les autres; les remarques négatives, même si elles sont acceptées sur le moment, peuvent amener les autres à se demander ce qui pourrait être dit à leur sujet en leur absence. Un tel comportement peut saper le respect et la confiance que vous vous efforcez de construire au sein de votre équipe. <u>Dans les situations extrêmes, vous pourriez devoir vous éloigner d'une situation qui compromet vos valeurs. Cela peut être difficile, mais rappelez-vous qu'un leader fort défend ses convictions.</u>

Diffuser la confiance à tous

Instaurer la confiance chez les autres quant à votre fiabilité implique de respecter les confidences et de communiquer clairement les limites de cette confidentialité, en particulier lorsque des questions éthiques sont en jeu. Partagez librement l'information plutôt que de la retenir, car la transparence favorise la collaboration et augmente l'efficacité organisationnelle. Si des doutes existent quant à votre fiabilité, prenez le temps de comprendre les raisons derrière ces perceptions et examinez les comportements qui peuvent y contribuer. Aborder ces préoccupations de front non seulement clarifie les malentendus mais renforce également votre crédibilité et la confiance que les autres vous accordent. Cette approche est fondamentale pour favoriser une culture de confiance et d'intégrité au sein de l'organisation.

En fin de compte, la "confiance" est d'une importance cruciale dans toute entreprise. Elle sert de fondement pour établir des relations solides entre les membres de l'équipe, entre les employés et la direction, et avec les parties prenantes externes telles que les clients et les partenaires. La confiance améliore la communication, facilite la collaboration et élève une culture de travail positive, qui sont toutes essentielles pour atteindre une performance élevée et un succès durable. Lorsque la confiance est présente, les équipes sont plus enclines à embrasser le changement, à prendre des risques calculés et à innover. À l'inverse, un manque de confiance peut entraîner des inefficacités, des conflits et une diminution du moral et de la rétention des employés. En somme, la confiance est un ingrédient clé pour créer une organisation résiliente et prospère.

Partie IV: Compétences Avancées En Leadership

> *Le leadership ne consiste pas à être responsable, mais à prendre soin de ceux qui sont sous votre responsabilité.*
>
> *Simon Sinek*

Soutien Et Influence

Un leadership efficace est considérablement renforcé par la capacité à obtenir un soutien actif pour les stratégies, projets et objectifs organisationnels auprès de divers groupes de parties prenantes. Lorsque les parties prenantes se sentent écoutées, valorisées et impliquées, elles sont plus susceptibles de défendre les objectifs de l'organisation. Cela se traduit par une mise en œuvre plus fluide et un sentiment de propriété plus fort. Cette compétence devient de plus en plus significative à mesure que les leaders gravissent les échelons de l'organisation, où ils rencontrent un éventail plus large de parties prenantes, y compris des parties internes et externes hors de leur contrôle direct.

<u>La capacité à influencer est essentielle au succès d'un leader</u>. Elle implique une compréhension nuancée des besoins des différentes parties prenantes, permettant aux leaders d'encourager un engagement sincère plutôt qu'une simple conformité. Les

influenceurs efficaces adaptent leurs styles de leadership à la situation, démontrant flexibilité, observation et persuasion. En maîtrisant ces éléments, les leaders peuvent influencer efficacement les décisions et les actions des pairs, supérieurs, clients, fournisseurs et autres acteurs clés, reliant directement leur capacité à influencer à leur succès global dans l'atteinte des résultats.

Montrer vos convictions de manière rationnelle et émotionnelle

Pour exprimer votre conviction personnelle et votre enthousiasme pour vos idées, vous devez communiquer d'une manière qui résonne à la fois émotionnellement et factuellement avec votre audience. Se préparer à présenter un produit ou service innovant à la haute direction implique non seulement de présenter les avantages, mais aussi d'établir une connexion émotionnelle. Pratiquez votre présentation devant divers publics — votre manager, vos collègues ou des membres de la famille — pour affiner votre discours et garantir la clarté. Concentrez-vous sur l'articulation des avantages adaptés à chaque audience, en soulignant ce qu'ils y gagnent pour favoriser l'engagement et le soutien.

Pour un argument logique et influent, une préparation minutieuse est nécessaire. Avant toute réunion, il est impératif de définir vos objectifs et les points clés que vous souhaitez communiquer. Réfléchissez à ce que vous voulez que votre audience retienne après la réunion et prenez en compte les contraintes de temps et les connaissances préalables de votre audience. En faisant cela, vous pouvez adapter efficacement votre message, garantissant qu'il résonne avec votre audience et atteint l'impact souhaité. Anticipez les questions potentielles et préparez vos réponses pour maintenir un flux fluide pendant votre présentation.

En adoptant le principe du "moins c'est plus", énoncez clairement votre message principal en une seule phrase, puis soutenez-le méthodiquement avec des informations concises et convaincantes.

Cette approche stratégique garantit que vos arguments sont non seulement persuasifs mais aussi mémorables, renforçant votre influence et votre efficacité en tant que communicateur.

Aligner les idées avec les objectifs commerciaux

Présenter vos idées nécessite d'illustrer clairement comment elles s'alignent avec les besoins spécifiques de votre entreprise et les avantages qu'elles offrent. Commencez par articuler le "pourquoi" de votre proposition — cela signifie mettre en avant les résultats tangibles et les avantages concrets que votre idée ou recommandation apportera. Pour s'assurer que ces avantages sont reconnus et valorisés, établissez des indicateurs mesurables qui peuvent suivre l'impact et les progrès de votre solution au fil du temps.

Comprendre les priorités commerciales de votre audience est essentiel pour adapter votre message de manière efficace. Ce qui peut être crucial pour un département peut être sans importance pour un autre, il est donc important d'adapter votre argument pour résonner avec les préoccupations et les objectifs spécifiques de l'audience que vous adressez. Si vous n'êtes pas certain de ces priorités, prenez des mesures proactives pour demander directement ou passez du temps dans le département concerné pour mieux comprendre leurs opérations et défis.

Cette approche renforce non seulement la pertinence de votre proposition, mais démontre également votre engagement envers l'amélioration organisationnelle globale.

Surmonter les objections

Pour relier efficacement vos idées aux préoccupations, intérêts et perspectives des autres, maîtriser l'art de l'écoute active est vital. Cela implique de reformuler et de résumer ce que les autres ont exprimé pour s'assurer que vous avez bien saisi l'essence de leurs positions. Considérez les besoins de votre audience et comment elle est susceptible de réagir à votre message, et adaptez votre communication pour répondre à leurs intérêts tout en minimisant les réactions négatives potentielles. Adaptez votre ton, rythme, style et méthode de communication à la fois à l'audience et au contenu de votre message, en vous assurant qu'il résonne efficacement et de manière appropriée.

Lorsque vous rencontrez de la résistance ou des objections, cherchez activement des retours de ceux qui se sont opposés à vos idées ou propositions pour mieux comprendre leurs perspectives et apprendre ce qui aurait pu être fait différemment. <u>Avant d'expliquer pourquoi quelqu'un est en désaccord, assurez-vous de bien comprendre son point de vue</u>. Posez des questions de clarification et écoutez activement leurs préoccupations.

Souvenez-vous, <u>le désaccord ne doit pas être un obstacle</u>. Anticipez les domaines potentiels de résistance en vous engageant avec les parties prenantes tôt, en intégrant leurs retours dans votre processus de planification et en comprenant leurs priorités. Parfois, négocier simplement les délais de livraison peut aider à surmonter les objections, permettant une mise en œuvre plus fluide de vos initiatives. Cette approche aide non seulement à affiner vos stratégies, mais aussi à construire des relations plus fortes et plus collaboratives avec tous.

Obtenir du soutien

Pour obtenir efficacement le soutien et l'engagement pour de nouvelles idées ou plans d'action, il est important de d'abord identifier les parties prenantes dont le soutien est essentiel. Évaluez la position de chaque personne par rapport à votre proposition — s'ils sont pour, contre ou neutres — et développez des stratégies adaptées pour traiter chaque position. Engagez-vous dans un brainstorming pour explorer diverses tactiques susceptibles d'influencer positivement la situation, en vous concentrant sur celles les plus susceptibles de réussir. De plus, améliorer vos compétences en négociation est crucial ; cherchez des informations auprès de collègues reconnus pour leurs approches de négociation gagnant-gagnant et appliquez ces stratégies à vos scénarios.

Lors de la création de soutien parmi les décideurs clés, reconnaissez que l'influence peut ne pas toujours correspondre à la hiérarchie. Il est important de considérer à la fois la structure formelle et les réseaux informels au sein de votre organisation. Engagez les parties prenantes clés de manière informelle et individuelle avant toute réunion formelle importante. Cette interaction préliminaire vous permet d'articuler clairement vos idées, de répondre aux préoccupations potentielles et d'identifier les intérêts communs. Établir ces bases est souvent vital pour favoriser l'accord et assurer des résultats réussis et mutuellement bénéfiques dans les processus de prise de décision formelle.

Influencer les Agendas et les Opinions

Pour façonner proactivement les agendas et les opinions des parties prenantes, il est essentiel de fonder vos arguments sur des données solides et une évaluation objective de votre département ou fonction. Cette approche stratégique aide à définir et à influencer la direction future de l'organisation. Articulez clairement votre vision et votre position de manière concise, en préparant un "discours d'ascenseur" qui communique efficacement votre perspective aux principales parties prenantes. De plus, tirez parti des idées externes en vous connectant avec des fournisseurs et des consultants ayant de l'expérience avec des organisations similaires. Leurs points de vue externes peuvent fournir des conseils informels précieux sur les avancées stratégiques et vous aider à façonner des opinions éclairées parmi les parties prenantes.

Équilibrer Persistance et Relations

Pour obtenir des résultats commerciaux, il faut de la résilience ; ne laissez pas la critique décourager votre leadership. Il est important de prendre en compte les retours et d'ajuster votre approche si nécessaire, mais aussi de reconnaître les situations où les opinions sont partagées et où la résilience devient nécessaire. <u>Il n'est pas rare que les leaders soient constamment sous surveillance, et certaines critiques seront inévitables.</u> Il est important de ne pas laisser chaque commentaire vous déstabiliser. Il y aura des moments où vous devrez aller de l'avant avec une vision malgré quelques dissensions. Cela nécessite une confiance dans vos décisions et une compréhension claire des objectifs.

Dans les efforts pour obtenir le soutien des parties prenantes, maintenez un engagement ferme envers vos objectifs tout en restant flexible quant aux méthodes pour les atteindre. Encouragez le dialogue ouvert, permettant aux parties prenantes d'exprimer leurs préoccupations et émotions. Cette ouverture soutient un environnement où la compréhension mutuelle peut prospérer, ouvrant la voie à des résultats collaboratifs et gagnant-gagnant. La patience et la volonté de trouver un terrain d'entente sont essentielles pour maintenir des relations positives tout en atteignant les objectifs commerciaux.

En fin de compte, de bons leaders peuvent influencer profondément une entreprise en définissant une vision claire et en inspirant les employés à poursuivre des objectifs communs. Ils favorisent une culture de transparence, d'intégrité et de responsabilité, ce qui cultive la confiance et améliore le moral. Les leaders efficaces écoutent activement et valorisent les contributions de leurs équipes, encourageant l'innovation et l'adaptabilité en réponse aux changements de l'industrie. Ils motivent les employés en reconnaissant les réalisations et en offrant des opportunités de développement professionnel.

De plus, en prenant des décisions stratégiques basées sur une compréhension approfondie du paysage commercial, les leaders favorisent le succès et la résilience de l'organisation. Par leur comportement et leurs choix, de bons leaders façonnent non seulement l'environnement de travail immédiat, mais influencent également la trajectoire à long terme de l'entreprise, assurant sa compétitivité et sa réactivité aux besoins des clients.

Travailler Pour Les Résultats

Pour exceller en tant que leaders, les individus doivent gérer habilement plusieurs priorités tout en trouvant un équilibre entre les normes, les coûts et l'efficacité opérationnelle. Faire preuve de compétence dans ce domaine nécessite de maîtriser l'art de se concentrer sur les livrables critiques et de répartir stratégiquement les tâches parmi les membres de l'équipe de manière à soutenir à la fois la croissance professionnelle et la motivation. <u>Les leaders doivent également communiquer efficacement un sentiment d'urgence et d'enthousiasme pour atteindre les résultats</u>. Cependant, des délais irréalistes peuvent être démotivants, alors que des délais clairs et réalisables ne le sont pas. En fixant des délais réalisables, les leaders propulsent l'organisation vers des objectifs ambitieux, offrant des résultats commerciaux et financiers substantiels.

Travaille de manière autonome

Priorisez la mesure des résultats tangibles plutôt que de simplement comptabiliser les heures travaillées ou le volume de tâches accomplies. Faites la distinction entre ce qui est important et ce qui est urgent, en consacrant du temps hebdomadaire pour traiter les problèmes significatifs. Mettez en œuvre le "test du calendrier" en surveillant comment vous passez votre temps pendant une semaine, puis analysez ces données pour évaluer si votre allocation de temps est en accord avec vos objectifs, valeurs et priorités.

Chaque jour avant de quitter le travail, planifiez les tâches que vous devez aborder le lendemain. Suivez un cours de gestion du temps pour affiner vos capacités organisationnelles si vous ne l'avez pas encore fait. Définissez clairement vos priorités puis classez les tâches en quatre quadrants : Haute valeur et Urgente, Haute valeur et Non urgente, Faible valeur mais Urgente, et Faible valeur et Non urgente. Réévaluez la nécessité des tâches dans la dernière catégorie. Discutez régulièrement avec votre supérieur pour vous assurer que vos priorités sont synchronisées avec leurs attentes, surtout si l'un de vous est nouveau dans son rôle, car cela peut nécessiter des réunions d'alignement plus fréquentes par rapport à une relation de travail bien établie.

Exécuter les tâches nécessaires

Commencez par définir ce que "nécessaire" signifie dans ce contexte. Ces tâches sont-elles essentielles pour les opérations quotidiennes, les échéances de projet ou les exigences légales ? Une fois que vous avez une définition claire, vous pouvez identifier les tâches qui relèvent de cette catégorie. Créez une matrice avec "Urgence" sur un axe et "Importance" sur l'autre. Les tâches nécessaires seront probablement à haute urgence (doivent être faites maintenant) et à haute importance (critiques pour atteindre les objectifs).

Fixez des objectifs personnels et d'équipe, en adoptant des objectifs ambitieux qui encouragent l'implication dans leur création ; cela améliore souvent la productivité car les individus travaillent avec des cibles plus claires. Établissez des étapes pour surveiller les progrès et fournissez des retours fréquents pour maintenir tout le monde sur la bonne voie. Si vous n'êtes pas sûr des méthodes les plus efficaces pour atteindre vos objectifs, explorez les meilleures pratiques, y compris les principes de gestion de projet, la gestion de la qualité totale ou Six Sigma, pour déterminer quelle approche correspond le mieux à vos circonstances et à la dynamique de votre équipe.

Engagez-vous avec des spécialistes de l'amélioration des processus au sein de votre organisation et organisez des événements pour optimiser vos flux de travail. Reconnaissez si votre force réside dans l'exécution des tâches de manière indépendante tout en rencontrant des défis pour obtenir des résultats par l'intermédiaire des autres. Identifiez les tâches adaptées à la délégation et prenez des mesures proactives pour responsabiliser vos membres d'équipe, leur permettant de prendre en charge et de livrer efficacement leurs responsabilités.

Une attitude 'Oui, nous pouvons' et une perspective optimiste

Insufflez un sentiment d'optimisme et de responsabilité au sein de votre équipe en présentant les défis comme des opportunités d'innover et d'aborder les problèmes différemment. Si les ressources sont limitées, adoptez une mentalité créative pour identifier des sources de soutien potentielles. Cela pourrait impliquer d'emprunter des ressources ou de négocier avec des collègues pour offrir des opportunités de développement. Encouragez vos membres d'équipe à adopter cette approche inventive également. Améliorez votre capacité à influencer au-delà de votre domaine de travail immédiat en vous concentrant sur la construction de relations et la recherche de points communs, plutôt que de simplement demander de l'aide.

Pratiquez la réciprocité, en offrant quelque chose de précieux en retour de l'aide que vous cherchez. Parfois, démontrer de l'engagement et obtenir des résultats nécessite de prendre des risques audacieux et de promouvoir des solutions innovantes avec votre équipe. Évitez la mentalité du "ça ne marchera pas ici" et concentrez-vous sur la manière de réussir les idées dans votre environnement. Cherchez des informations auprès de personnes expérimentées dans différentes parties de l'organisation ou de l'industrie pour explorer ce qui pourrait être réalisable dans vos conditions spécifiques.

Remettez en question activement les attitudes négatives au sein de votre équipe, car un seul membre pessimiste peut affecter le moral collectif. Utilisez l'humour et des relations solides tant à l'intérieur qu'à l'extérieur de l'équipe pour surmonter les défis. Encouragez une culture proactive en incitant les membres de l'équipe à non seulement identifier les problèmes mais aussi à proposer trois solutions potentielles, en spécifiant leur option recommandée. Cela les responsabilise et renforce votre confiance en leur capacité à résoudre les problèmes de manière autonome, renforçant ainsi le sentiment de responsabilité et d'engagement au sein de votre équipe.

Démontre un effort soutenu pour obtenir des résultats

Si vous trouvez que votre travail épuise votre énergie et votre enthousiasme, envisagez de consulter un coach ou un mentor de confiance pour réfléchir à votre situation. Une perspective nouvelle ou un soutien peut souvent raviver votre motivation et suggérer un changement bénéfique dans votre rôle ou environnement professionnel. Il est crucial de maintenir un équilibre sain entre vie professionnelle et vie personnelle et de prendre soin de votre bien-être physique pour vous assurer de pouvoir gérer les exigences du leadership.

Pour ceux qui ont tendance à perdre de l'élan sur des tâches difficiles ou monotones, divisez le travail en segments gérables et établissez des mini-étapes. Cette stratégie permet des contrôles de progression plus fréquents et aide à maintenir la concentration. Commencez les tâches bien avant les délais pour éviter la pression temporelle et garantir des progrès réguliers. Bien que la persévérance soit une qualité précieuse, il est important de reconnaître quand une approche particulière ne donne pas de résultats. Dans de tels cas, soyez ouvert à solliciter des retours et prêt à ajuster vos stratégies si nécessaire.

Cet équilibre entre détermination et flexibilité est la clé d'une résolution efficace des problèmes et de l'atteinte des résultats souhaités.

Exige des Normes Élevées pour Soi et les Autres

Assurez-vous que les objectifs que vous établissez pour vous-même et pour votre équipe incluent des défis significatifs et des opportunités de croissance. Les gens sont les plus motivés lorsqu'ils croient que leur travail est significatif et contribue directement au succès de l'organisation, les incitant à fournir un effort supplémentaire. Impliquez votre équipe dans la définition de leurs propres étapes importantes et tenez-les responsables du respect de ces délais ; les écarts doivent être rares plutôt que fréquents. Lorsque les objectifs ne sont pas atteints, engagez un dialogue constructif avec la personne responsable pour explorer les répercussions et les solutions viables, en veillant à ce qu'elle comprenne son rôle dans la rectification de la situation. Évaluez régulièrement la répartition et le volume de travail parmi les membres de votre équipe, en ajustant les flux de travail et les tâches selon les besoins pour optimiser l'efficacité et l'efficience.

Surveillez et évaluez en continu la qualité du travail produit par votre équipe, en fournissant des retours spécifiques et exploitables pour maintenir des normes élevées. L'acceptation de performances médiocres établit un précédent, il est donc crucial de ne tolérer que des productions de haute qualité. Comparez la qualité du travail de votre équipe à celle des consultants et fournisseurs externes pour établir des points de référence. Identifiez un modèle ou un standard exemplaire dans votre domaine et défiez votre équipe d'atteindre ou de dépasser ces niveaux d'excellence.

Accommode les Besoins et Intérêts

Engagez-vous avec des collègues d'autres départements pour recueillir des idées sur la façon dont la structure de votre département pourrait être améliorée pour favoriser une meilleure collaboration. Travaillez en étroite collaboration avec les autres divisions affectées par les décisions et les résultats de votre équipe. Si les problèmes de coordination persistent, utilisez la cartographie des processus pour identifier et résoudre les inefficacités dans les flux de travail. Utilisez des outils de gestion de projet pour suivre l'avancement des projets interdépartementaux, assurant transparence et responsabilité partagée pour les résultats. Incluez toutes les parties prenantes impactées par vos projets dès les phases de planification et de conception pour s'assurer que leurs besoins et attentes sont pris en compte dès le départ.

Sollicitez régulièrement des retours des parties prenantes par des méthodes qualitatives et quantitatives pour évaluer la satisfaction et identifier les domaines nécessitant des améliorations. Organisez des réunions de groupe avec les principales parties prenantes pour découvrir les opportunités d'amélioration critique. Pendant ces sessions, encouragez des discussions franches et maintenez une attitude ouverte et réceptive aux retours fournis. Cette approche aide non seulement à répondre aux intérêts variés des parties prenantes mais aussi à améliorer la compréhension mutuelle et la coopération à travers l'organisation.

Récompenser les Efforts

Récompenser les efforts de manière efficace est essentiel pour tout leader d'équipe souhaitant maintenir la motivation et l'engagement au sein de l'équipe. Avez-vous déjà remarqué comment une simple reconnaissance peut remonter le moral de quelqu'un ? Une stratégie puissante consiste à établir un programme de reconnaissance structuré. Ce programme devrait célébrer à la fois les réalisations individuelles et d'équipe, assurant que les résultats positifs sont constamment reconnus. Imaginez le coup de pouce au moral quand tout le monde se sent valorisé pour ses contributions ! Cela peut inclure des récompenses formelles, des reconnaissances publiques lors des réunions, et des notes de remerciement personnalisées, qui montrent l'appréciation pour des contributions spécifiques.

Il est important d'adapter les récompenses aux préférences et besoins des membres de l'équipe, comme offrir des horaires de travail flexibles, des opportunités de développement professionnel, ou de petits bonus. <u>Plus la récompense est proche de l'effort, plus la connexion est forte.</u> Reconnaître et récompenser un travail exceptionnel dès que possible. Solliciter régulièrement des retours de l'équipe sur les types de récompenses qu'ils trouvent les plus motivants peut également améliorer l'efficacité de ces efforts.

Célébrer les bons résultats - étapes importantes ou succès - qu'ils soient grands ou petits, remplit l'air d'un environnement de travail positif et favorable. De plus, reconnaître les efforts de manière constante plutôt que sporadique aide à renforcer une culture d'appréciation et d'amélioration continue. En comprenant et en valorisant les contributions uniques de chaque membre de l'équipe, un leader peut construire une équipe motivée, loyale et performante.

Élimine les Obstacles pour Atteindre les Résultats

Soyez proactif dans votre approche en anticipant les risques potentiels et en développant des stratégies pour les atténuer avant qu'ils ne puissent affecter négativement vos objectifs. Invitez des individus extérieurs à votre équipe à évaluer vos hypothèses sur les défis clés, en utilisant leurs perspectives impartiales pour identifier les éventuelles erreurs de jugement.

Plaidez pour une culture au sein de votre organisation qui encourage l'identification précoce des problèmes, favorisant la résolution créative des problèmes parmi vos membres d'équipe pour maintenir les projets sur la bonne voie. Utilisez le suivi des données et établissez des étapes importantes pour créer un système d'alerte précoce efficace qui aide à la détection et à la suppression rapide des obstacles. Mettez en œuvre la planification de scénarios pour anticiper diverses situations futures possibles.

Préparez plusieurs stratégies pour aborder ces scénarios, équipant votre équipe pour gérer les obstacles potentiels efficacement. N'hésitez pas à demander de l'aide lorsque nécessaire ; sollicitez le soutien de collègues et de départements spécialisés pour faire face aux défis imprévus. Réciprocité en offrant de l'aide aux autres, cultivant une atmosphère de travail coopérative et solidaire.

Aborde et Résout les Problèmes

Agissez rapidement pour identifier et rectifier les lacunes et échecs organisationnels. Lorsque les problèmes sont spécifiquement liés aux actions d'un individu ou d'une équipe, adressez ces problèmes de manière respectueuse et factuelle pour faciliter une correction efficace. Évitez les solutions rapides qui ne traitent que les symptômes plutôt que de s'attaquer aux causes profondes des problèmes. Prenez toujours en compte les considérations éthiques lors de la résolution des problèmes, reconnaissant que le compromis sur la sécurité ou les valeurs fondamentales peut causer des dommages à long terme à la réputation de l'organisation.

Assurez-vous d'un diagnostic précis des problèmes ; si un problème provient d'un membre de l'équipe, collaborez avec lui pour découvrir les causes sous-jacentes — qu'il s'agisse de lacunes en communication, d'objectifs mal alignés, de compétences insuffisantes ou de manque de motivation — avant de concevoir une solution appropriée. Dans la mesure du possible, informez les personnes des problèmes et impliquez-les activement dans le processus de conception et de mise en œuvre des solutions.

Cette approche inclusive non seulement améliore l'efficacité de la résolution, mais construit également une culture de travail collaborative et transparente.

Travailler pour les résultats est un aspect fondamental du leadership d'équipe efficace. Un leader d'équipe peut y parvenir en fixant des objectifs clairs et mesurables alignés avec les objectifs de l'organisation. Il est crucial de communiquer ces objectifs à l'équipe, en s'assurant que tout le monde comprend son rôle et les cibles collectives. Des examens réguliers des progrès et des sessions de feedback aident à garder l'équipe sur la bonne voie et à traiter rapidement tout obstacle.

De plus, pousser pour une culture orientée vers les résultats implique de reconnaître et de récompenser les réalisations, ce qui motive les membres de l'équipe à maintenir une performance élevée. L'utilisation des données et des analyses peut fournir des informations sur les tendances de performance et les domaines à améliorer. Une délégation efficace et une gestion des ressources assurent que les membres de l'équipe travaillent efficacement vers leurs objectifs.

Enfin, un leader doit montrer l'exemple, en démontrant un engagement à atteindre les résultats, ce qui inspire l'équipe à faire de même. Cette approche globale non seulement conduit au succès mais renforce également la cohésion et le moral de l'équipe, créant un environnement de travail productif et motivé.

Exécution

La différence cruciale entre les leaders et les contributeurs individuels réside dans la capacité d'un leader à accomplir le travail par l'intermédiaire des autres. Les leaders efficaces créent un lien visible entre la stratégie organisationnelle et les objectifs et priorités individuels. Pour démontrer cette capacité avec succès, les leaders doivent surveiller à la fois l'impact des tâches déléguées sur la progression de l'organisation et la compétence et l'efficacité avec lesquelles leurs équipes exécutent ces objectifs. En établissant des calendriers et des jalons clairs et en utilisant des indicateurs clés de performance (KPI; key-performance-indicators), les leaders peuvent anticiper les problèmes et mobiliser des ressources supplémentaires pour s'assurer que les projets sont livrés à temps, dans les limites du budget et atteignent les résultats nécessaires. Les leaders efficaces se distinguent par leur capacité à équilibrer les priorités organisationnelles à court et à long terme tout en constituant simultanément des équipes hautement qualifiées et engagées. Cet équilibre garantit que les objectifs immédiats sont atteints sans compromettre les objectifs futurs, tout en laissant la porte ouverte à l'amélioration et au succès durable.

Définir et Communiquer des Priorités Claires

Avant d'attribuer des projets, des travaux et des tâches, il est vital de définir des objectifs clairs qui aident les individus à concentrer leur temps et leurs efforts, et à comprendre la pertinence de leur travail. Adopter le concept de gestion par objectifs (MBO; managing-by-objectives) est essentiel. En démontrant clairement comment vos objectifs s'alignent avec la stratégie globale de votre entreprise, vous fournissez une feuille de route qui non seulement clarifie le rôle de chacun, mais insuffle également un sens du but et de la direction. Cet alignement est crucial pour conduire toute l'équipe vers le succès et atteindre des résultats remarquables. Impliquer votre équipe dans le processus de définition des objectifs traduit les priorités clés en objectifs et cibles individuels, sachant que les gens sont plus motivés lorsqu'ils ont leur mot à dire sur la manière dont les objectifs sont définis et mesurés. Il est important de définir comment les objectifs seront mesurés et quelles seront les récompenses et les conséquences pour ceux qui dépassent, atteignent ou manquent leurs objectifs, en communiquant ces attentes verbalement et par écrit.

Demander aux membres de l'équipe de définir la portée et les besoins en ressources pour chacun de leurs livrables permet une meilleure planification. Organiser une réunion d'équipe pour résoudre les conflits de ressources et convenir des priorités alignées avec les vôtres aide à maintenir la clarté. Des réunions d'équipe régulières pour examiner l'atteinte des jalons critiques et aborder les risques de projet sont nécessaires pour garder tout le monde concentré et sur la bonne voie.

Fournir un Niveau Approprié de Conseils et d'Instructions

Assurez-vous que votre entreprise vous permette de consacrer du temps aux problèmes humains est essentiel, car la délégation, le coaching et la gestion des personnes sont des activités à forte valeur ajoutée qui devraient être prioritaires dans votre emploi du temps. Pour déléguer efficacement, communiquez clairement, définissez des délais et des objectifs, puis laissez ceux à qui vous avez délégué le contrôle de la tâche ou du projet. Un problème courant dans la délégation est une communication initiale peu claire. Pour atténuer cela, demandez à l'équipe ou à l'individu de noter leur compréhension de la tâche pour que vous puissiez la réviser et l'approuver. Reconnaissez que les gens travaillent différemment, il est donc important d'adapter les objectifs au style de travail de chaque individu. Certains peuvent préférer des objectifs ambitieux, tandis que d'autres répondent mieux lorsqu'ils sont assurés de pouvoir atteindre l'objectif à l'avance.

Impliquer chaque personne dans le processus peut faciliter une meilleure adéquation des objectifs. Les meilleurs délégateurs sont clairs sur ce qu'ils veulent accomplir et quand ils le veulent, tout en laissant aux individus ou aux équipes une certaine flexibilité dans la détermination de la manière de l'accomplir. Cette approche maximise la motivation, car les gens sont les plus motivés lorsqu'ils ont l'autonomie sur la manière dont ils accomplissent leurs tâches.

Garder Vos Projets sur la Bonne Voie

Établir des méthodes et des objectifs clairs est essentiel pour vous aider, vous et vos équipes, à déterminer si les projets sont sur la bonne voie ou risquent de dérailler. Soyez explicite quant à vos attentes dès le début. Communiquez l'impact du travail sur les autres, à l'intérieur et à l'extérieur du département, en veillant à ce que le groupe s'engage avec ces parties prenantes internes ou externes pour identifier et résoudre les problèmes potentiels avant qu'ils n'affectent le projet.

Créez un environnement ouvert où les employés et les équipes se sentent à l'aise pour escalader les problèmes rapidement et encouragez-les à rechercher du coaching et du soutien auprès de vous et des autres. Lorsque vous organisez des réunions d'équipe régulières pour partager les défis et les réussites, vous pouvez repérer et rectifier tout problème imprévu. Inclure les risques et les mitigations comme une partie standard de votre processus de planification de projet est crucial. Assurez-vous que les projets sont soigneusement définis pour inclure les besoins en ressources dès le départ, en intégrant les délais pour acquérir le personnel et les matériaux nécessaires dans le plan de projet. De plus, consultez d'autres personnes dans l'organisation ou à l'extérieur qui ont de l'expérience avec des projets similaires, en apprenant des problèmes qu'ils ont rencontrés et en prenant des mesures proactives pour les atténuer dans vos propres plans de projet.

Allouer le Temps de Manière Appropriée pour Progresser

Être adaptable est essentiel lors de la gestion de projets, surtout lorsqu'on est confronté à des informations défavorables. <u>Il est important d'intégrer les retours de l'équipe s'ils indiquent que le projet n'est pas sur la bonne voie ou risque de ne pas atteindre les</u>

résultats souhaités. Vous devez savoir que votre équipe est souvent la plus proche des détails du projet. Leurs observations peuvent signaler des problèmes potentiels avant qu'ils ne deviennent incontrôlables. La cohérence dans la direction est cruciale ; demander fréquemment aux membres de l'équipe de changer de priorité peut être démotivant. Si un changement de direction est nécessaire, assurez-vous de fournir une justification convaincante pour l'ajustement. Lorsque vous assumez un rôle de leadership dans un nouveau domaine, investissez du temps pour comprendre ce sur quoi votre équipe travaille déjà avant de définir de nouvelles priorités, et si possible, bâtissez sur ou renforcez les objectifs existants.

Comprendre la relation coût-bénéfice des projets de votre équipe est vital ; parfois, il peut être plus bénéfique d'augmenter les coûts pour garantir une livraison en temps voulu plutôt que de ne pas respecter les délais. Définir l'achèvement du projet avec des résultats mesurables pour vous aider, vous et votre équipe, à évaluer si les projets ont été conclus avec succès et inclure une étape de révision après l'achèvement pour identifier les actions de suivi nécessaires. Cette approche garantit que le temps est alloué efficacement, les progrès sont réalisés et les tâches en suspens sont complétées efficacement.

Déléguer les Tâches Jusqu'au Bout

Déléguer les tâches "jusqu'au bout" signifie donner autant de responsabilité et d'autorité que possible, en se concentrant sur des tâches complètes plutôt que sur des activités fragmentées, car cela est plus motivant pour les individus. Il est important de déléguer des missions qui aident les membres de l'équipe à développer de nouvelles compétences, tout en veillant à ce qu'ils reçoivent le coaching et l'encadrement appropriés. Les délégateurs efficaces adaptent la complexité des tâches aux capacités de leurs membres d'équipe, les impliquant souvent dans la décision de la taille appropriée de la tâche, car les gens préfèrent généralement des tâches stimulantes plutôt que répétitives. Demandez à votre équipe quelles sont les tâches parmi les vôtres qu'ils pensent pouvoir aider ou prendre en charge, car même quelques tâches déléguées peuvent vous permettre de vous concentrer sur des activités plus stratégiques et à forte valeur ajoutée. Réfléchissez aux raisons pour lesquelles vous pourriez hésiter à déléguer ; si vous préférez gérer certaines tâches vous-même, cela peut indiquer une préférence pour la contribution individuelle plutôt que pour le leadership, qui nécessite de permettre aux autres de réaliser le travail.

Si vous luttez contre le perfectionnisme ou des attentes irréalistes, travaillez à faire confiance aux contributions de votre équipe et à accepter que des approches différentes peuvent être tout aussi efficaces. Lorsque votre équipe est trop occupée pour prendre en charge plus de tâches, aidez-les à prioriser leur charge de travail, en identifiant collectivement les tâches qui peuvent être réaffectées ou éliminées.

Surveillez Votre Progression Attentivement

Établissez des indicateurs de performance clés et des jalons efficaces au début des projets pour permettre de surveiller les réalisations et les résultats et pour apporter les ajustements nécessaires si les choses ne se déroulent pas comme prévu. Planifiez des réunions de révision régulières pour vérifier les progrès par rapport aux jalons critiques avec l'équipe. Sollicitez des retours de votre équipe pour vous assurer qu'ils ne se sentent pas micro-gérés et demandez des suggestions sur la manière dont vous pouvez mieux soutenir les résultats du projet. Soyez prêt à intervenir et à soutenir un projet lorsque les critères convenus ne sont pas respectés ou lorsque les attentes ne sont pas atteintes. Engagez-vous avec la personne ou l'équipe pour comprendre leur perspective sur le problème et demandez comment vous pouvez les aider à remettre le projet sur les rails.

Lorsque les objectifs ou les priorités changent, rencontrez les équipes et les parties prenantes concernées pour déterminer l'impact sur les projets existants et demandez des plans de projet révisés pour votre révision et approbation. Tenez des réunions d'équipe régulières pour vous assurer que tout le monde est conscient des projets et des priorités du groupe, en identifiant les interdépendances et en évitant les doublons. Si nécessaire, encouragez les équipes à recentrer leurs priorités pour garantir que l'organisation atteigne les priorités stratégiques critiques.

Suivis Réguliers des Objectifs

Établissez un processus pour surveiller les progrès par rapport aux objectifs, car les gens apprécient de pouvoir mesurer leurs progrès et de voir comment ils se comportent par rapport aux jalons du projet. Fournissez autant de retours que possible, aussi rapidement que possible, car la plupart des gens sont motivés par les retours — cela les aide à ajuster leurs actions et démontre que leurs efforts sont valorisés.

Évitez de réserver les retours constructifs aux évaluations de fin d'année, quand il est trop tard pour apporter des ajustements. Suivez avec les récompenses et conséquences positives et négatives. Célébrez avec ceux qui dépassent les attentes, félicitez ceux qui ont fait des efforts supplémentaires pour atteindre les objectifs et analysez ce qui a mal tourné avec ceux qui ont manqué leurs cibles. Assurer que vous livrez les récompenses promises maintient un haut niveau de confiance en votre leadership.

Assurer les Ressources Nécessaires

Assurez-vous d'établir des priorités efficaces, en distinguant entre les projets critiques pour la mission, les tâches importantes et celles qui sont agréables à faire si le temps le permet. Cette distinction vous aidera à recentrer les ressources lorsque les projets critiques ou importants nécessitent un soutien supplémentaire. Challengez les équipes ou les employés qui demandent un soutien supplémentaire en leur demandant comment ils peuvent s'aider eux-mêmes. Encouragez-les à travailler sur les éléments de projet en parallèle plutôt que séquentiellement pour rester sur la bonne voie et à se concentrer sur les aspects critiques de la mission plutôt que de se laisser enliser dans les détails moins importants. Demandez à l'équipe ou à l'individu de suggérer des ressources supplémentaires qu'ils pourraient utiliser, en veillant à ce qu'ils proposent une solution recommandée plutôt que de simplement présenter un problème.

Soyez prudent de ne pas les déshabiliter ou de reprendre la propriété du projet. Revoyez les plans de projet et de ressources de votre domaine pour voir si des employés peuvent être temporairement réaffectés pour fournir un soutien supplémentaire sans compromettre le travail d'autres départements.

Tenez une réunion d'équipe pour favoriser un environnement collaboratif où l'équipe peut travailler ensemble pour résoudre les problèmes. Redéfinissez les objectifs et les responsabilités si nécessaire ; certains travaux pourraient être délégués ou simplifiés. Contactez des pairs dans d'autres organisations pour obtenir du soutien et soyez prêt à réciproquer lorsqu'ils ont besoin d'aide. En outre, envisagez de sous-traiter certaines tâches pour alléger la charge de travail.

Planifiez des Réunions pour Atteindre les Objectifs

Les réunions peuvent souvent être chronophages et improductives, il est donc important de s'assurer qu'une réunion est le forum approprié pour le sujet à traiter. Considérez si une conférence téléphonique ou un courriel pourrait être plus efficace. Une préparation adéquate est essentielle ; si vous cherchez à obtenir un accord ou des décisions, évaluez les opinions des parties prenantes critiques au préalable et intégrez leurs points de vue dans votre proposition pour améliorer les chances d'atteindre un consensus.

Identifiez clairement l'objectif de la réunion et informez les participants de l'ordre du jour à l'avance, leur permettant de se préparer et d'apporter des informations pertinentes, et de déterminer s'ils sont les meilleurs représentants pour leur projet ou groupe. Établissez les résultats souhaités dès le départ, car l'ordre du jour et le format de la réunion varieront selon que vous cherchez des retours, que vous fournissez des informations ou que vous nécessitez un consensus et des décisions. Assurez-vous d'apporter toutes les informations nécessaires pour atteindre le résultat souhaité à la fin de la réunion. Invitez les bonnes personnes, en particulier celles qui ont le pouvoir de prendre des décisions si nécessaire.

Attribuez des rôles spécifiques aux participants, comme un chronométreur et quelqu'un pour noter les décisions et les actions à prendre, afin de maximiser la productivité. Priorisez les points de l'ordre du jour pour que le groupe puisse se concentrer sur les sujets critiques en premier, garantissant que les résultats essentiels sont atteints même si le temps vient à manquer. Facilitez les discussions en encourageant la participation de tous, en posant des questions et en écoutant les contributions. Résumez périodiquement pour garder le groupe concentré et sur la bonne voie et envisagez d'utiliser un tableau blanc ou un tableau de papier pour aider à développer et organiser les pensées du groupe. Établissez des règles de base pour maximiser l'efficacité des réunions, comme demander aux participants d'éteindre les téléphones et de fermer les ordinateurs portables. Si la réunion dépasse 90 minutes, planifiez des pauses pour permettre aux participants de régler des problèmes professionnels externes et de revenir concentrés.

Enfin, assurez-vous que les résultats de la réunion sont enregistrés et que les actions à prendre sont intégrées dans les plans de projet pertinents, en distribuant des copies à tous les participants.

Équilibrer les Résultats Opérationnels avec la Réalisation des Initiatives Clés

Pour équilibrer les résultats opérationnels avec les initiatives clés, commencez par revoir l'allocation des ressources pour vous assurer qu'elle est alignée avec vos priorités stratégiques, y compris le temps et le personnel. Identifiez les contraintes qui pourraient entraver l'exécution de votre stratégie et développez des plans pour résoudre ces problèmes. Une fois votre stratégie et vos priorités définies, demandez des retours d'autres personnes pour identifier les problèmes potentiels. Utilisez ces retours pour créer un plan de ressources détaillé qui englobe les processus, les structures, le personnel et les compétences. Encouragez vos équipes à évaluer leurs tâches actuelles et à identifier les domaines de travail qui deviendront moins significatifs à mesure que les initiatives clés seront réalisées. Demandez-leur de proposer comment recentrer les activités et assurez-vous qu'ils possèdent les compétences nécessaires pour relever les nouveaux défis.

Challengez vos équipes à identifier les activités qui peuvent être abandonnées ou réaffectées à d'autres domaines au sein de l'organisation pour éliminer les chevauchements et les duplications. Demandez à votre équipe d'identifier des objectifs qui contribuent à maintenir et améliorer les opérations actuelles tout en faisant progresser les initiatives clés pour bâtir l'organisation future. Ensemble, déterminez le séquencement et la priorisation appropriés de ces objectifs pour équilibrer efficacement les résultats à court terme avec les objectifs stratégiques à long terme. Créez une feuille de route qui décrit l'ordre dans lequel les objectifs seront abordés. Les victoires à court terme qui contribuent aux objectifs à long terme doivent être prioritaires dès le début. Ce processus est collaboratif. En définissant les priorités et en séquençant les objectifs, vous augmenterez les chances de succès.

Responsabilité pour l'Obtention des Résultats à Tous les Niveaux

Commencez par être très clair sur les objectifs commerciaux dans toute votre organisation, en demandant aux leaders à chaque niveau de discuter de ces objectifs avec leurs équipes et de définir leurs contributions spécifiques à leur réalisation. Assurez-vous que les objectifs stratégiques sont intégrés dans les objectifs et les priorités de chacun dans le système de gestion de la performance. Tenez des réunions régulières avec tous vos leaders pour examiner les progrès par rapport aux jalons critiques et discuter des actions correctives nécessaires. Maintenez un suivi et une gestion des conséquences appropriés à tous les niveaux organisationnels - individuel, équipe et organisationnel. Récompensez, reconnaissez et célébrez les succès tout en traitant les sous-performances au niveau approprié par des discussions, la compréhension et des actions ciblées.

En fin de compte, l'importance de l'exécution pour atteindre les résultats ne peut être surestimée. Une exécution efficace transforme les plans stratégiques en résultats tangibles, favorisant le succès et la croissance d'une organisation. Sans une exécution appropriée, même les idées les plus innovantes et les stratégies les mieux réfléchies restent de simples concepts. L'exécution garantit que les ressources sont utilisées efficacement, que les processus sont optimisés et que les objectifs sont atteints dans les délais souhaités. Cela implique une planification minutieuse, une communication claire et une surveillance constante des progrès. En se concentrant sur l'exécution, les entreprises peuvent s'adapter aux changements, surmonter les défis et rester compétitives sur le marché. En fin de compte, l'exécution est le pont entre la vision et la réalité, en faisant un facteur critique dans l'atteinte des objectifs commerciaux.

Sécurité Au Travail

La sécurité est la compétence universelle applicable à tous les employés dans une entreprise. C'est une valeur fondamentale et un objectif obligatoire pour tous les leaders et employés. La priorité absolue de chaque leader de l'organisation est d'assurer la sécurité et la santé des employés et des communautés dans lesquelles ils opèrent. L'essentiel est de veiller à ce que les employés soient conscients des risques et prennent des mesures actives pour veiller à leur propre santé et sécurité, ainsi qu'à celle de leurs collègues. Votre efficacité à promouvoir la sécurité est cruciale pour la réputation de l'entreprise en tant qu'employeur, citoyen corporatif et partenaire commercial pour ses clients.

Application de la Sécurité

Effectuez régulièrement des tournées de prévention des pertes et demandez à vos subordonnés directs de faire de même, en veillant à ce qu'ils rapportent et surveillent la mise en œuvre des actions correctives. Définissez et communiquez des objectifs et des normes clairs pour le travail, en cartographiant éventuellement les processus individuels sur une seule page pour transmettre clairement les normes de travail attendues à chaque membre de l'équipe. Impliquez activement votre équipe dans le processus de planification et de mise en œuvre pour obtenir leur soutien. Allouez les outils et les ressources nécessaires pour mettre en œuvre votre plan de sécurité de manière efficace.

Consultez les départements de productivité pour obtenir des conseils d'experts et de l'aide dans la planification et la mise en œuvre du système de l'entreprise. Incluez des critères de prévention des pertes lors de l'attribution de contrats externes.

Assurez-vous que tous les actifs de votre zone de travail sont correctement entretenus tout au long de leur cycle de vie pour protéger les personnes, les biens et l'environnement.

Sensibilisation aux Meilleures Pratiques

Organisez régulièrement des séances d'information sur des sujets de sécurité particulièrement pertinents pour votre domaine de travail. Établissez des forums de prévention des pertes pour encourager les contributions et les retours de tous les niveaux de la main-d'œuvre, des entrepreneurs et des fournisseurs.

Cultivez une culture de **tolérance zéro** en matière de santé et de sécurité, en assurant une gestion des conséquences appropriée et proportionnée pour ceux qui ne respectent pas les normes de sécurité de l'entreprise. Invitez les nouveaux employés à signaler tout problème qu'ils jugent dangereux, car leurs perspectives nouvelles peuvent fournir des informations précieuses.

Développez un calendrier de communication sur la sécurité pour faciliter la diffusion rapide de l'information dans votre domaine, en utilisant divers médias de communication tels que des affiches, des courriels et des formations en ligne pour s'assurer que le message atteint tous les publics. Organisez des sessions de formation régulières pour garantir que tous les membres de l'équipe possèdent les connaissances nécessaires pour travailler en toute sécurité. Assurez-vous que les employés contractuels et leurs sous-traitants sont formés aux règles de sécurité de l'entreprise et qu'ils respectent les niveaux de compétence définis par l'entreprise dans leur métier ou compétence. Cette approche globale améliorera la sensibilisation à la sécurité et l'adhésion aux meilleures pratiques, favorisant un environnement de travail plus sûr pour tous.

Surveillance des Indicateurs et des Processus de Sécurité

Collaborez avec votre équipe pour identifier un tableau de bord des principaux indicateurs de santé et de sécurité, en les examinant régulièrement pour repérer les tendances. Affichez ces indicateurs et communiquez-les lors des briefings d'équipe, en soulignant les messages clés et en engageant les membres de l'équipe à identifier des solutions possibles. Comparez votre organisation à d'autres organisations internes et externes similaires, en fixant des objectifs pour améliorer les performances sur les indicateurs clés. Utilisez à la fois des indicateurs avancés, tels que le nombre de revues de gestion, d'évaluations des risques et d'actions d'audit clôturées, et des indicateurs retardés, tels que la fréquence des blessures, le nombre de déversements et la valeur des pertes de biens ou de production, pour fournir une vue équilibrée de votre performance en matière de prévention des pertes.

Consacrez du temps lors de chaque revue PMP (Performance-Management-Process) pour discuter de la performance en matière de sécurité de chaque membre de l'équipe, en prenant en compte des facteurs tels que le soutien visible de la politique de prévention des pertes, les normes de propreté, les données sur les blessures et les accidents, et la conformité dans leur domaine de responsabilité. Cette approche globale garantit que les indicateurs et les processus de sécurité sont efficacement surveillés, favorisant un environnement de travail plus sûr.

Mettre en Évidence les Violations de la Sécurité

Assurez-vous que les leçons tirées de l'identification des risques et des dangers ou des violations de la prévention des pertes sont communiquées à l'équipe et diffusées à tous les employés. Pour les incidents graves, organisez une revue après action plus approfondie avec l'équipe impliquée.

Analysez la réponse, identifiez les domaines à améliorer et développez des actions correctives. Partagez les informations au-delà de votre unité de travail afin que d'autres dans des environnements similaires puissent bénéficier de vos expériences. Faites remonter les informations pour combler les lacunes potentielles dans les processus ou les politiques au niveau de l'entreprise. Rappelez-vous que le processus disciplinaire peut et doit être utilisé en cas de violations de la prévention des pertes.

Trouver des Opportunités de Réduction des Risques

Encouragez l'identification des dangers en fixant des objectifs pour les groupes de travailleurs et en reconnaissant l'équipe avec le score le plus élevé sur une base trimestrielle et annuelle. Nommez des employés au sein de votre groupe de travail pour agir en tant que champions de la mise en œuvre et de la surveillance des initiatives de prévention des pertes de l'entreprise au niveau local. Intégrez des considérations de prévention des pertes et d'ergonomie dans l'achat de nouveaux équipements, la conception des bâtiments et l'aménagement des bureaux.

Assurez-vous que ces considérations sont également incluses dans votre processus de planification de projet, en allouant suffisamment de temps et de ressources pour maintenir la sécurité. Encouragez les employés à penser aux dangers au-delà du lieu de travail normal pour favoriser une mentalité de sécurité globale. Assurez-vous que les nouveaux employés et ceux qui ont été transférés en interne sont médicalement aptes à travailler dans votre domaine et effectuez une surveillance médicale de base pour les employés exposés à des environnements dangereux, tels que des tests audiométriques pour ceux qui travaillent dans des zones à fort bruit.

Encouragez les employés à veiller les uns sur les autres et à identifier et signaler les dangers potentiels sur le lieu de travail. Reconnaissez les groupes et les individus qui montrent de forts comportements en matière de santé et de sécurité et demandez-leur de mentor les nouveaux employés ou les moins expérimentés. Assurez-vous que tous les employés sont compétents pour effectuer leurs tâches opérationnelles et de maintenance assignées et possèdent la connaissance requise des règles et normes de sécurité de votre entreprise. Effectuez des tournées de votre zone et engagez des discussions avec les employés sur les normes de comportement en matière de sécurité attendues, résumant les résultats et en discutant avec vos subordonnés directs pour identifier les domaines à améliorer.

Prendre des Mesures pour Améliorer ou Modifier les Risques Potentiels

Démontrez le courage de fermer des processus ou de modifier des systèmes qui posent des risques importants. Apprenez des meilleures pratiques externes pour comprendre comment des opérations similaires établissent des systèmes et des processus de sécurité robustes. Classifiez toutes les blessures et les quasi-accidents par conséquences de perte pour déterminer le niveau nécessaire d'enquête, de suivi et d'éducation. Priorisez les suivis sur les rapports de dangers, en vous concentrant sur les actions correctives qui atténuent les risques les plus élevés. Tenez des réunions avec votre équipe pour identifier les scénarios d'urgence prévisibles qui peuvent affecter votre domaine, et développez des plans complets de réponse et de récupération pour les situations à forte probabilité et à fort impact. Communiquez ces plans de manière efficace pour assurer une préparation.

Analyse des Risques

Mener une analyse des risques efficace implique de passer en revue les principaux dangers et d'identifier la nécessité de mesures de réduction des risques. Évaluez la probabilité de survenue de chaque risque - élevée, moyenne ou faible - et analysez les conséquences potentielles pour définir des stratégies appropriées de réduction des risques. Des investissements importants en temps, en capital, en formation et en personnel peuvent être nécessaires pour les risques à forte probabilité et/ou à fort impact. Allouez une partie de votre budget annuel à la mise à jour et à l'amélioration des systèmes de sécurité. Tenez compte de l'ergonomie lors de la prise de décisions d'achat d'équipements afin de garantir des opérations sûres et efficaces.

Assurez des niveaux de dotation appropriés, en particulier dans les environnements à haut risque ou ceux avec des horaires de travail atypiques. Minimisez le travail en solitaire autant que possible et mettez en œuvre des mesures de sécurité supplémentaires lorsque cela ne peut être évité. Gardez les plans d'intervention d'urgence à jour et assurez-vous qu'ils sont compris par tous les membres de l'équipe.

Pratiquez régulièrement les exercices d'incendie et autres procédures d'urgence pour maintenir la préparation et garantir que chacun sait comment réagir en cas d'urgence.

En fin de compte, l'importance de la sécurité et du bien-être des personnes dans toute entreprise ne peut être surestimée. Une culture de sécurité solide garantit que les employés sont protégés des dangers du lieu de travail, réduisant ainsi le risque d'accidents et de blessures. Prioriser la sécurité assurera un environnement de travail sain, ce qui booste le moral, la productivité et la satisfaction globale au travail. Cela améliore également la réputation de l'entreprise en tant qu'employeur responsable et attentionné, ce qui est crucial pour attirer et retenir les talents. De plus, un engagement envers la sécurité garantit la conformité aux normes légales et réglementaires, minimisant le risque d'amendes coûteuses et de problèmes juridiques. En fin de compte, assurer le bien-être des employés non seulement les protège, mais renforce également l'efficacité opérationnelle et le succès à long terme de l'entreprise.

Partie V: L'Impact Des Décisions, Du Comportement Et De L'Amélioration Continue

Chaque fois que vous voyez une entreprise prospère, quelqu'un a pris une décision courageuse.

Peter Drucker

L'Impact Des Décisions

SUPERVISEUR

Au niveau de la supervision, vous avez un impact direct et immédiat sur les opérations quotidiennes et le moral des membres de l'équipe. Les superviseurs sont souvent les plus proches des employés de première ligne et sont responsables de la mise en œuvre des politiques et des procédures de l'entreprise sur le terrain. Leurs décisions concernant l'attribution des tâches, la résolution des conflits et les retours sur performance peuvent influencer de manière significative la dynamique de l'équipe et la productivité.

Les superviseurs efficaces assurent une communication claire, fournissent un soutien adéquat et maintiennent un environnement de travail positif, ce qui améliore l'engagement des employés et leur satisfaction au travail. Lorsque les employés comprennent les attentes, les objectifs et les procédures, ils sont moins susceptibles de se sentir frustrés ou de commettre des erreurs. À l'inverse, les conséquences des mauvaises décisions d'un superviseur peuvent être substantielles et étendues, affectant non seulement l'équipe immédiate, mais potentiellement l'ensemble de l'organisation.

L'Impact des Mauvais Superviseurs

Déclin du Moral et de l'Engagement des Employés

Une décision de **superviseur** d'ignorer ou de rejeter les préoccupations des employés peut entraîner un déclin du moral. Par exemple, si un superviseur ignore systématiquement les demandes d'outils ou de ressources nécessaires, les employés peuvent se sentir sous-évalués et non soutenus. Cela peut conduire au désengagement, où les employés ne donnent pas le meilleur d'eux-mêmes, ce qui entraîne une baisse de productivité. Par exemple, si un membre de l'équipe demande à plusieurs reprises un logiciel mis à jour pour améliorer son efficacité au travail et que le superviseur rejette ces demandes, l'employé peut devenir frustré et moins motivé à accomplir ses tâches efficacement. La micro-gestion est un autre exemple : imaginez un superviseur qui surveille constamment chaque détail de votre travail, fournissant des retours inutiles et étouffant votre autonomie. Ce sont quelques exemples de la manière dont les mauvais superviseurs peuvent avoir un impact négatif sur le moral et l'engagement des employés. Lorsque les employés se sentent sous-évalués, non soutenus et stressés, leur bonheur et leur productivité en souffrent, ce qui nuit également à l'entreprise.

Augmentation des Taux de Turnover (employés quittant l'entreprise)

Les mauvaises décisions concernant le traitement et la reconnaissance des employés peuvent entraîner des taux de turnover plus élevés. Si un **superviseur** ne reconnaît pas le travail acharné et ne fournit pas d'opportunités d'avancement ou de croissance professionnelle, les employés peuvent chercher un emploi ailleurs. Par exemple, si un employé performant est continuellement ignoré pour une promotion au profit de personnes moins qualifiées en raison du biais ou du mauvais jugement du superviseur, cet employé peut quitter l'entreprise, emportant avec lui ses compétences et son expérience. Cela perturbe non seulement la dynamique de l'équipe, mais entraîne également des coûts supplémentaires pour l'entreprise en recrutement et formation de nouveaux employés. De même, les mauvais superviseurs qui pratiquent la micro-gestion, manquent de communication ou n'offrent pas de soutien peuvent entraîner l'insatisfaction des employés et les pousser à partir.

Baisse de la Productivité et de l'Efficacité

Des attributions de tâches inefficaces peuvent entraîner une baisse de la productivité et de l'efficacité. Par exemple, si un **superviseur** attribue des tâches sans tenir compte des forces et des compétences des employés, les tâches peuvent être mal exécutées ou prendre plus de temps à être réalisées. Par exemple, si un superviseur confie un projet complexe à un membre de l'équipe sans l'expertise nécessaire alors que des personnes plus qualifiées sont disponibles, le projet peut subir des retards et des résultats médiocres. Cette mauvaise gestion peut créer des goulets d'étranglement et ralentir les progrès globaux.

Dynamiques d'Équipe Dégradées et Conflits Accrus

L'incapacité d'un **superviseur** à gérer les conflits ou à favoriser un environnement collaboratif peut entraîner de mauvaises dynamiques d'équipe. Si un superviseur montre du favoritisme ou ne parvient pas à résoudre les problèmes interpersonnels au sein de l'équipe, cela peut créer un environnement de travail toxique. Par exemple, si un superviseur favorise systématiquement un employé par rapport aux autres, lui attribuant les meilleures tâches et plus de flexibilité, cela peut générer du ressentiment parmi les membres de l'équipe, entraînant des conflits et un manque de cohésion. Cela peut nuire au travail d'équipe et réduire la productivité globale.

Sécurité et Conformité Compromises

Négliger les protocoles de sécurité peut avoir des conséquences graves. Ces conséquences peuvent impacter tout le monde, des travailleurs individuels aux entreprises entières. Par exemple, si un **superviseur** décide de négliger les procédures de sécurité pour respecter les délais, cela peut entraîner des accidents ou des violations des réglementations. Par exemple, si un superviseur demande aux employés de contourner certaines vérifications de sécurité pour accélérer la production, cela augmente le risque d'accidents de travail, ce qui peut entraîner des blessures, des problèmes juridiques et des sanctions financières pour l'entreprise. De plus, <u>les nouvelles des violations de la sécurité peuvent se répandre rapidement, endommageant la réputation et l'image publique de l'entreprise</u>. Les clients peuvent hésiter à faire affaire avec une entreprise perçue comme dangereuse, et attirer et retenir les talents peut devenir difficile.

Détérioration de la Satisfaction Client

Une mauvaise prise de décision qui affecte la qualité du travail peut entraîner une diminution de la satisfaction des clients. Par exemple, si un **superviseur** ne parvient pas à résoudre les problèmes de contrôle de la qualité, entraînant des produits défectueux ou des services en retard, les clients peuvent devenir mécontents et se tourner vers la concurrence.

Par exemple, si un superviseur néglige un problème de qualité dans un processus de fabrication pour gagner du temps, et que des produits défectueux parviennent aux clients, cela peut entraîner des retours, des plaintes et des dommages à la réputation de l'entreprise. Un schéma de mauvaise prise de décision qui impacte constamment la qualité érode la confiance des clients. Les clients peuvent remettre en question la capacité de l'entreprise à tenir ses promesses et peuvent hésiter à faire affaire à l'avenir.

Les mauvaises décisions d'un superviseur peuvent avoir un effet domino, entraînant une baisse du moral, un taux de turnover plus élevé, une diminution de la productivité, de mauvaises dynamiques d'équipe, une sécurité compromise et une satisfaction client réduite. Ces conséquences soulignent l'importance de la prise de décision judicieuse et du leadership efficace au niveau de la supervision.

L'IMPACT DES DÉCISION

SUPERINTENDENT (CHEF D'ÉQUIPE)

À ce niveau, les décisions du **surintendant** ont une portée plus large, impactant plusieurs équipes ou départements au sein de l'organisation. Les surintendants sont responsables de la coordination des efforts à travers diverses unités, veillant à ce que les ressources soient allouées efficacement et que les projets soient alignés avec les objectifs stratégiques de l'entreprise. Leurs décisions en matière de gestion des ressources, d'amélioration des processus et de collaboration interdépartementale peuvent avoir un impact significatif sur l'efficacité et l'efficience opérationnelles de l'organisation. Les surintendants jouent un rôle clé en comblant l'écart entre les opérations de première ligne et la direction supérieure, veillant à ce que les objectifs organisationnels soient atteints tout en abordant les défis au niveau départemental.

Ils doivent également être compétents en gestion du changement, guidant leurs départements à travers les transitions en douceur et maintenant la stabilité pendant les périodes de changement organisationnel. Une prise de décision efficace au niveau du surintendant peut avoir un impact profond sur la productivité et le succès opérationnel, influençant plusieurs équipes ou départements.

L'IMPACT D'UN BON SURINTENDANT

ALLOCATIONS DES RESSOURCES OPTIMISÉES

Les **surintendants** sont responsables de s'assurer que les ressources telles que la main-d'œuvre, l'équipement et le budget sont allouées efficacement. Ils agissent comme le pont entre la planification et l'exécution, supervisant les opérations quotidiennes. En prenant des décisions éclairées sur la distribution des ressources, les surintendants peuvent optimiser les opérations et améliorer la productivité.

Exemple : Un surintendant dans une usine de fabrication évalue les horaires de production et identifie qu'une ligne particulière est constamment sous-ressourcée, provoquant des retards. En réaffectant du personnel et de l'équipement d'une ligne moins critique à ce goulot d'étranglement, le surintendant assure des opérations plus fluides et augmente le rendement global. Cette décision permet non seulement d'éviter les retards mais aussi de booster la production sans coûts supplémentaires.

AMÉLIORATION DES PROCESSUS

Les **surintendants** jouent un rôle clé dans l'identification et la mise en œuvre d'améliorations des processus qui augmentent l'efficacité et réduisent les déchets.

Exemple : Dans une entreprise de logistique, le surintendant remarque que le processus de chargement des camions est inefficace, entraînant des retards et des coûts de main-d'œuvre accrus. Après avoir analysé le flux de travail, le surintendant introduit un nouveau système où les camions sont préchargés en fonction des itinéraires et des horaires de livraison. Ce changement rationalise le processus de chargement, réduit les temps d'attente et diminue les coûts de main-d'œuvre, conduisant à des améliorations significatives des délais de livraison et de la satisfaction des clients.

COLLABORATION INTERDÉPARTEMENTALE AMÉLIORÉE

Les **surintendants** efficaces facilitent une meilleure communication et collaboration entre les différents départements, veillant à ce que tout le monde travaille vers des objectifs communs. Exemple : Dans un hôpital, un surintendant identifie que le manque de communication entre le service des urgences et les unités de soins internes cause des retards dans les admissions des patients. En mettant en place un nouveau protocole de réunions interdépartementales régulières et un système intégré de dossiers de santé électroniques, le surintendant assure un partage d'informations en temps opportun. Cela améliore le flux des patients, réduit les temps d'attente et renforce l'efficacité globale de l'hôpital.

RÉSOLUTION STRATÉGIQUE DES PROBLÈMES

Les **surintendants** sont souvent chargés de résoudre des problèmes complexes qui affectent plusieurs équipes ou processus. Une prise de décision efficace dans ce domaine peut entraîner des gains opérationnels substantiels.

Exemple : Dans une entreprise de construction, le surintendant fait face à des retards répétés dus à des perturbations de la chaîne d'approvisionnement. En négociant avec plusieurs fournisseurs et en créant un stock tampon de matériaux critiques, le surintendant atténue le risque de futurs retards. Cette approche proactive permet de maintenir les projets de construction dans les délais, réduisant les temps d'arrêt et augmentant la productivité.

GESTION DU CHANGEMENT EFFICACE

Les **surintendants** sont responsables de la gestion des changements au sein de leurs départements. Leur capacité à guider efficacement leurs équipes à travers les transitions peut maintenir la stabilité et améliorer les performances.

Exemple : Dans une entreprise technologique, un surintendant mène la transition vers un nouveau logiciel de gestion de projet. En organisant des sessions de formation complètes, en fournissant un soutien continu et en répondant rapidement aux préoccupations des employés, le surintendant assure une transition en douceur.

Cela se traduit par une meilleure gestion des projets, une collaboration accrue entre les équipes et une productivité plus élevée.

PRISE DE DÉCISIONS BASÉE SUR LES DONNÉES

Les **surintendants** efficaces utilisent les données pour prendre des décisions éclairées qui améliorent l'efficacité opérationnelle et la productivité.

Exemple : Un surintendant dans une entreprise de vente au détail utilise les données de vente pour identifier les périodes de pointe des achats et ajuste les niveaux de personnel en conséquence. En s'assurant que plus de personnel est disponible pendant les périodes chargées et moins pendant les périodes calmes, le surintendant optimise les coûts de main-d'œuvre tout en maintenant un niveau élevé de service à la clientèle. Cette approche basée sur les données se traduit par une meilleure satisfaction des clients et une amélioration des performances de vente.

GESTION DES RISQUES ET AMÉLIORATIONS DE LA SÉCURITÉ

Les **surintendants** jouent un rôle vital dans l'identification et l'atténuation des risques, veillant à ce que les opérations se déroulent sans heurts et en toute sécurité. Les surintendants fonctionnent comme les gardiens sur site de la sécurité et du bon déroulement des opérations. Ils portent plusieurs casquettes, mais l'atténuation des risques et la garantie d'un environnement de travail sûr sont parmi leurs responsabilités les plus critiques.

Exemple : Dans une entreprise de pétrole et de gaz, le surintendant identifie des dangers potentiels pour la sécurité dus à des équipements vieillissants. En priorisant le remplacement des machines à haut risque et en renforçant les protocoles de sécurité, le surintendant réduit le risque d'accidents.

Cette gestion proactive des risques garantit un environnement de travail plus sûr, réduit les temps d'arrêt dus aux incidents et maintient une productivité constante.

En résumé, une prise de décision efficace au niveau du surintendant peut entraîner des améliorations significatives de la productivité et du succès opérationnel en optimisant l'allocation des ressources, en améliorant les processus, en favorisant la collaboration inter-départementale, en résolvant des problèmes stratégiques, en gérant les changements efficacement, en utilisant les données pour des décisions éclairées et en renforçant les protocoles de sécurité. Ces décisions créent un effet d'entraînement qui améliore l'efficacité, réduit les coûts et contribue finalement au succès global de l'organisation.

L'IMPACT DES DÉCISION GESTIONNAIRES

Les **gestionnaires**, occupant une position de leadership plus élevée, prennent des décisions qui façonnent la direction stratégique de l'organisation. Leurs décisions en matière de formulation des politiques, de planification à long terme et de culture organisationnelle ont des conséquences de grande portée qui influencent l'ensemble de l'entreprise. Les gestionnaires doivent tenir compte des tendances du marché, du positionnement concurrentiel et des capacités internes lorsqu'ils prennent des décisions qui guideront la croissance et la durabilité de l'entreprise. Ils sont également responsables de s'assurer que la vision et la mission de l'entreprise sont efficacement communiquées et adoptées à tous les niveaux de l'organisation.

Les décisions stratégiques prises par les gestionnaires peuvent déterminer le succès de l'organisation dans la réalisation de ses objectifs à long terme, tandis que des décisions médiocres peuvent entraîner un désalignement stratégique, une perte de position sur le marché et une baisse des performances organisationnelles. De plus, les gestionnaires jouent un rôle clé dans la promotion d'une culture d'innovation et d'amélioration continue, en encourageant les employés à contribuer avec des idées qui propulsent l'entreprise vers l'avant.

Pour les gestionnaires, trouver un équilibre entre les besoins opérationnels à court terme et les initiatives stratégiques à long terme est essentiel pour garantir que leur entreprise reste agile et compétitive dans un paysage commercial en constante évolution. Réfléchissez à l'impact de cet équilibre sur l'avenir de votre organisation. En gérant habilement ces deux aspects, vous positionnez votre entreprise pour s'adapter rapidement et efficacement, garantissant ainsi un avantage concurrentiel durable.

L'IMPACT D'UN BON GESTIONNAIRE

PRIORISER L'EFFICACITÉ OPÉRATIONNELLE IMMÉDIATE

Les **gestionnaires** doivent veiller à ce que les opérations quotidiennes se déroulent sans encombre et efficacement, en résolvant les problèmes immédiats sans perdre de vue les objectifs à long-terme.

Exemple : Dans une entreprise de fabrication, un gestionnaire remarque qu'une machine critique tombe fréquemment en panne, causant des retards de production. Pour répondre à ce besoin opérationnel immédiat, le gestionnaire alloue un budget pour des réparations urgentes et initie un calendrier de maintenance pour prévenir les pannes futures. Simultanément, le gestionnaire inclut des plans pour moderniser l'ensemble de la ligne de production dans la feuille de route stratégique à long terme, garantissant une efficacité opérationnelle durable et réduisant les coûts à long terme.

ALIGNER LES PROJETS À COURT TERME AVEC LES OBJECTIFS À LONG TERME

Les **gestionnaires** doivent s'assurer que les projets à court terme contribuent aux objectifs stratégiques à long terme de l'entreprise, créant une approche cohérente de la croissance et du développement.

Exemple : Un gestionnaire dans une entreprise de développement de logiciels est chargé de livrer une nouvelle fonctionnalité demandée par un client majeur. Bien que ce projet à court terme soit crucial pour maintenir la satisfaction du client, le gestionnaire aligne le développement de cette fonctionnalité avec l'objectif à long terme de l'entreprise d'améliorer la convivialité globale du produit.

En incorporant des éléments de la fonctionnalité dans la stratégie de développement de produit plus large, le gestionnaire s'assure que le projet à court terme soutient également les objectifs stratégiques à long terme.

INVESTIR DANS LE DÉVELOPPEMENT DE LA MAIN-D'ŒUVRE

Équilibrer les besoins immédiats en personnel avec le développement à long terme des talents est essentiel pour maintenir une équipe compétente et motivée qui peut stimuler la croissance future.

Exemple : Dans une organisation de soins de santé, un **gestionnaire** répond au besoin immédiat de plus de personnel infirmier en raison d'une augmentation soudaine du volume de patients. Pour répondre à ce besoin à court terme, le gestionnaire embauche du personnel temporaire. Simultanément, le gestionnaire investit dans des programmes de formation à long terme pour le personnel existant, offrant des opportunités de développement professionnel et d'avancement de carrière. Cette approche duale garantit que l'organisation peut répondre aux demandes actuelles tout en construisant une main-d'œuvre plus forte et plus qualifiée pour l'avenir.

PLANIFICATION AGILE ET FLEXIBILITÉ

Les **gestionnaires** doivent être flexibles et adaptables, ajustant les plans selon les besoins pour répondre aux défis à court terme et aux opportunités à long terme.

Exemple : Dans une entreprise de vente au détail, un gestionnaire développe une stratégie à long terme pour étendre la présence en ligne de l'entreprise. Cependant, pendant la saison des fêtes, le gestionnaire change de focus pour répondre aux besoins opérationnels immédiats, tels que l'augmentation des stocks et des niveaux de personnel pour gérer la hausse saisonnière de la demande. Après la saison de pointe, le gestionnaire revient à la stratégie de commerce électronique, en intégrant les leçons tirées des opérations de vacances pour affiner et renforcer le plan à long terme.

ALLOCATION DES RESSOURCES ET GESTION DU BUDGET

Les **gestionnaires** efficaces allouent les ressources de manière à répondre aux besoins immédiats tout en investissant dans des initiatives qui soutiennent la croissance à long terme.

Exemple : Dans une startup technologique, un gestionnaire doit équilibrer le besoin de financer le développement continu du produit avec l'exigence d'investir dans le marketing pour attirer de nouveaux clients. Le gestionnaire alloue une partie du budget pour améliorer le produit actuel en fonction des retours des utilisateurs (un besoin opérationnel à court terme) tout en réservant des fonds pour une grande campagne marketing visant à augmenter la part de marché (une initiative stratégique à long terme). Cette approche équilibrée garantit que l'entreprise peut continuer à innover et à développer sa clientèle.

SURVEILLANCE DES TENDANCES DU MARCHÉ ET DES BESOINS DES CLIENTS

Les **gestionnaires** doivent rester attentifs aux tendances du marché et aux besoins des clients, en prenant des décisions qui répondent aux demandes actuelles tout en positionnant l'entreprise pour réussir à long terme. Dans le paysage commercial dynamique d'aujourd'hui, les gestionnaires prospères doivent être tournés vers l'avenir. Ils doivent agir comme un pont entre le présent et l'avenir, en comprenant les tendances actuelles du marché et les besoins des clients tout en prenant des décisions qui non seulement y répondent, mais positionnent également l'entreprise pour une réussite à long terme.

Exemple : Un gestionnaire dans une entreprise d'électronique grand public surveille la demande croissante pour les appareils de maison intelligente. Pour répondre à la demande à court terme du marché, le gestionnaire accélère la sortie de nouveaux produits de maison intelligente. Parallèlement, le gestionnaire investit dans la recherche et le développement pour explorer les technologies de nouvelle génération, assurant ainsi que l'entreprise reste à la pointe de l'innovation à long terme.

GESTION STRATÉGIQUE DES RISQUES

Équilibrer les besoins à court terme et à long terme implique de gérer les risques de manière à protéger les intérêts immédiats de l'entreprise tout en la positionnant pour les opportunités futures.

Exemple : Dans une entreprise de services financiers, un **gestionnaire** identifie un changement réglementaire potentiel qui pourrait impacter les opérations actuelles. Le gestionnaire alloue des ressources pour assurer la conformité avec les nouvelles réglementations (répondant à un besoin immédiat) tout en explorant des moyens de tirer parti du changement réglementaire pour créer de nouveaux produits ou services financiers. Cette approche stratégique atténue les risques à court terme tout en positionnant l'entreprise pour tirer parti des opportunités à long terme.

En résumé, les gestionnaires doivent équilibrer soigneusement les besoins opérationnels à court terme avec les initiatives stratégiques à long terme pour maintenir l'agilité et la compétitivité de l'entreprise. En priorisant l'efficacité immédiate, en alignant les projets sur les objectifs stratégiques, en investissant dans le développement de la main-d'œuvre, en restant flexible, en gérant les ressources judicieusement, en surveillant les tendances du marché et en gérant les risques de manière stratégique, les gestionnaires peuvent garantir que leurs organisations prospèrent à la fois dans le présent et dans l'avenir.

Comportement, Code Vestimentaire Et Représentation

SUPERVISEURS

Les **superviseurs**, étant les plus proches des employés de première ligne, doivent incarner l'accessibilité et la praticité. Ils doivent se comporter avec intégrité, montrant de la cohérence dans leurs actions et leurs décisions, ce qui construit la confiance parmi leurs membres d'équipe. Les superviseurs doivent s'habiller d'une manière appropriée pour l'environnement opérationnel, équilibrant professionnalisme et praticité. Par exemple, dans un environnement de fabrication, où un superviseur porte habituellement un uniforme, cela peut signifier porter des équipements de sécurité et des vêtements adaptés au travail, démontrant une approche pratique. Lorsqu'ils communiquent, les superviseurs doivent être clairs, concis et soutenants, en utilisant un langage courant qui résonne avec leur équipe. Ils doivent représenter les valeurs de l'entreprise à travers leurs actions, montrant leur dévouement à la sécurité, à la qualité et à la cohésion d'équipe.

SUPERVISEURS : MANIÈRES

Les **superviseurs** jouent un rôle essentiel dans la création de l'environnement de travail et l'amélioration du moral des employés de première ligne. Par conséquent, leurs manières sont essentielles pour favoriser un lieu de travail positif et productif.

Respect : Les superviseurs doivent traiter tous les membres de l'équipe avec respect, en reconnaissant leurs contributions et en valorisant leurs opinions. Ce respect favorise la confiance mutuelle et encourage une communication ouverte.

Empathie : Faire preuve d'empathie est essentiel pour comprendre et répondre aux préoccupations et aux besoins des membres de l'équipe. Les superviseurs qui montrent un souci authentique pour le bien-être de leurs employés peuvent construire des équipes plus solides et plus cohésives.

Équité : Les superviseurs doivent être équitables dans leurs décisions et leur traitement des employés, en évitant le favoritisme et en s'assurant que chacun ait des opportunités égales de croissance et de développement. Cela élimine la possibilité de biais basés sur des facteurs non liés aux qualifications.

Patience : La patience est cruciale pour faire face aux divers défis qui surviennent sur le lieu de travail. Les superviseurs doivent écouter attentivement, donner aux employés le temps d'exprimer leurs points de vue et répondre de manière réfléchie.

Positivité : Maintenir une attitude positive, même dans des situations difficiles, aide à motiver et à inspirer les membres de l'équipe. Les superviseurs doivent montrer l'exemple en faisant preuve de résilience et d'optimisme.

Professionnalisme : Un comportement professionnel donne le ton à l'équipe. Les superviseurs doivent modéliser une conduite appropriée, la ponctualité et la fiabilité, en montrant leur engagement envers leur rôle et leurs responsabilités.

SUPERVISEURS : MODE DE COMMUNICATION

La manière dont les superviseurs communiquent leurs messages a un impact significatif sur la façon dont ils sont reçus et exécutés par les membres de l'équipe. Une communication efficace est essentielle pour un leadership réussi au niveau de la supervision.

Clarté : Les superviseurs doivent communiquer de manière claire et concise, en veillant à ce que leurs messages soient facilement compris. Cela inclut de donner des instructions précises, de fixer des attentes claires et d'éviter le jargon ou un langage trop complexe.

Cohérence : Une communication cohérente aide à instaurer la confiance et la fiabilité. Les superviseurs doivent s'assurer que leurs messages sont alignés avec les politiques et les valeurs de l'entreprise et éviter d'envoyer des signaux contradictoires.

Soutien : Lors de la remise de feedback ou d'instructions, les superviseurs doivent adopter un ton de soutien. Les retours constructifs doivent être formulés de manière positive, en se concentrant sur les moyens d'améliorer et en offrant de l'aide plutôt qu'en soulignant simplement les défauts.

Écoute active : Les superviseurs doivent pratiquer l'écoute active, montrant qu'ils apprécient les opinions et les préoccupations de leurs membres d'équipe. Cela implique de maintenir le contact visuel, de hocher la tête et de fournir des accuses verbales lors des conversations.

Adaptabilité : Différentes situations et différents membres de l'équipe peuvent nécessiter des styles de communication différents. Les superviseurs doivent être adaptables, ajustant leur ton et leur approche pour s'adapter au contexte et aux besoins individuels de leurs membres d'équipe.

Rapidité : Les superviseurs doivent fournir des retours et des informations en temps opportun. Une communication retardée peut entraîner des malentendus et des occasions manquées pour s'améliorer.

Encouragement : Reconnaître et apprécier régulièrement les efforts et les réalisations des employés est nécessaire. Les superviseurs doivent fournir un renforcement positif pour motiver leur équipe et renforcer les comportements souhaités.

Communication non-verbale : Le langage corporel, les expressions faciales et les gestes jouent un rôle important dans la communication. Les superviseurs doivent être conscients de leurs signaux non-verbaux et veiller à ce qu'ils transmettent confiance, ouverture et attention.

EXEMPLES DE COMMUNICATION EFFICACE POUR LES SUPERVISEURS

Briefings quotidiens : Commencer la journée par une brève réunion d'équipe pour définir les objectifs quotidiens et aborder les préoccupations immédiates peut instaurer une atmosphère concentrée et positive pour la journée.

Réunions en tête-à-tête : Des réunions individuelles régulières avec les membres de l'équipe offrent des occasions de fournir des retours personnalisés, de fixer des objectifs et de discuter du développement professionnel.

Politique de porte ouverte : Encourager une politique de porte ouverte invite les employés à exprimer leurs préoccupations, poser des questions et demander des conseils, favorisant une culture d'ouverture et d'accessibilité.

Communication écrite : Envoyer des courriels ou des notes de service clairs et détaillés pour des mises à jour ou des instructions importantes assure que les employés disposent d'une référence écrite, réduisant ainsi le risque de mauvaise communication. N'oubliez pas de relire attentivement le message avant de l'envoyer pour garantir clarté et professionnalisme, en prêtant une attention particulière si la lettre était formelle ou systématique.

Sessions de feedback : Tenir des sessions de feedback régulières où les superviseurs mettent en évidence à la fois les points forts et les domaines à améliorer aide les employés à grandir et à se sentir valorisés. De plus, des sessions de feedback ciblées permettent aux superviseurs d'identifier des domaines spécifiques où un employé peut s'améliorer. Ce feedback ciblé aide les employés à concentrer leurs efforts de développement et à fixer des objectifs réalisables pour la croissance.

En résumé, les superviseurs doivent faire preuve de manières respectueuses, empathiques, équitables, patientes, positives et professionnelles. Leur mode de communication doit être clair, cohérent, soutenant, à l'écoute active, adaptable, opportun, encourageant et attentif à la communication non-verbale. En maîtrisant ces aspects, les superviseurs peuvent diriger efficacement leurs équipes, favoriser un environnement de travail positif et stimuler la productivité et la satisfaction globale.

SURINTENDANTS

Les **surintendants,** qui supervisent plusieurs équipes ou départements, doivent faire preuve de réflexion stratégique et de solides compétences organisationnelles. Leur comportement doit refléter un équilibre entre autorité et collaboration, assurant qu'ils soient perçus comme des leaders capables de prendre des actions décisives tout en valorisant les contributions de l'équipe. Les surintendants doivent s'habiller de manière à commander le respect à tous les niveaux de l'organisation, en combinant souvent une tenue décontractée professionnelle avec des vêtements appropriés au contexte pour les visites de site ou les réunions avec la haute direction. Leur style de communication doit être articulé et inclusif, capable de s'adresser à des publics divers et de combler les écarts entre les départements. Les surintendants représentent l'engagement de l'entreprise envers l'excellence, la synergie inter-départementale et l'innovation.

SURINTENDANTS : MANIÈRES

Les **surintendants** supervisent plusieurs équipes ou départements, et leur comportement définit le ton de la culture organisationnelle et de l'efficacité opérationnelle plus larges. Leurs manières influencent grandement leur capacité à gérer et motiver efficacement leurs équipes.

Accessibilité : Les surintendants doivent être accessibles et approchables, encourageant une communication ouverte et faisant en sorte que les membres de l'équipe se sentent à l'aise pour partager des idées et des préoccupations.

Pensée stratégique : Ils doivent faire preuve de pensée stratégique, démontrant une compréhension claire des objectifs de l'entreprise et de la manière dont les efforts des départements s'alignent avec ces objectifs.

Collaboration : Favoriser un environnement collaboratif est essentiel. Les surintendants doivent promouvoir le travail d'équipe et la coopération entre les différents départements et unités.

Responsabilité : Les surintendants doivent se tenir, eux-mêmes et leurs équipes, responsables de leurs actions et résultats, veillant à ce que chacun remplisse ses responsabilités et engagements.

Transparence : Être transparent dans leurs processus de prise de décision renforce la confiance et la crédibilité. Les surintendants doivent partager ouvertement les informations pertinentes et les justifications derrière les décisions clés.

Diplomatie : Des compétences diplomatiques pour résoudre les conflits et naviguer dans les complexités des relations inter-départementales sont cruciales. Les surintendants doivent gérer les différends avec tact et équité.

Leadership visionnaire : Ils doivent inspirer leurs équipes avec une vision claire et un sens du but, motivant les employés à travailler vers des objectifs à long terme.

SURINTENDANTS : MODE DE COMMUNICATION

Une communication efficace au niveau des **surintendants** implique de transmettre des informations complexes de manière claire et de s'assurer que les messages stratégiques sont compris et appliqués à travers les différents départements.

Clarté stratégique : Les surintendants doivent articuler les objectifs stratégiques de l'entreprise et comment les objectifs départementaux y contribuent, veillant à ce que tout le monde comprenne leur rôle dans le tableau d'ensemble.

Engagement : S'engager activement avec les membres de l'équipe à travers des réunions régulières et des forums ouverts permet aux surintendants de recueillir des retours, de répondre aux préoccupations et de favoriser un sentiment d'inclusion.

Mises à jour régulières : Fournir des mises à jour cohérentes sur les progrès, les défis et les changements permet à chacun de rester informé et aligné. Cela inclut de partager des mises à jour sur les projets clés, les indicateurs de performance et les initiatives stratégiques.

Écoute active : Les surintendants doivent pratiquer l'écoute active, montrant un intérêt sincère pour les contributions et les retours des membres de l'équipe. Cela aide à construire une culture de respect mutuel et de collaboration.

Empowerment : Responsabiliser les membres de l'équipe en déléguant l'autorité et la responsabilité encourage la propriété et la responsabilité. Les surintendants doivent fournir le soutien et les ressources nécessaires pour que les équipes réussissent.

Résolution des conflits : Gérer les conflits de manière efficace et rapide garantit que les problèmes mineurs ne se transforment pas en problèmes majeurs. Les surintendants doivent arbitrer les différends et trouver des solutions équitables alignées avec les valeurs et les objectifs de l'entreprise.

Communication inspirante : Les surintendants doivent inspirer et motiver leurs équipes à travers leur communication, en utilisant des histoires, des exemples et un ton positif pour mettre en évidence les succès et les opportunités futures.

EXEMPLES DE COMMUNICATION EFFICACE POUR LES SURINTENDANTS

Ateliers interdépartementaux : Organiser des ateliers réunissant différents départements pour collaborer sur des objectifs communs favorise une culture collaborative et élimine les silos.

Sessions de planification stratégique : Animer des sessions de planification stratégique avec les chefs de département pour s'aligner sur les objectifs à long terme et élaborer des plans d'action cohérents garantit que tout le monde travaille vers les mêmes objectifs.

Boucles de rétroaction : Établir des boucles de rétroaction formelles, telles que des enquêtes ou des boîtes à suggestions, permet aux membres de l'équipe de donner leur avis sur les processus et les améliorations, les faisant se sentir valorisés et écoutés.

Programmes de mentorat : Mettre en place des programmes de mentorat où les surintendants encadrent des cadres intermédiaires ou des employés prometteurs aide au développement des talents et à la planification de la succession.

Évaluations de performance : Mener des évaluations de performance régulières axées à la fois sur les réalisations et les domaines à améliorer fournit clarté et orientation aux membres de l'équipe.

Exercices de préparation aux situations d'urgence : Conduire des exercices et des simulations pour des situations d'urgence assure que tous les départements sont préparés et savent comment répondre efficacement.

En résumé, les **surintendants** doivent faire preuve d'accessibilité, de pensée stratégique, de collaboration, de responsabilité, de transparence, de diplomatie et de leadership visionnaire. Leur mode de communication doit mettre l'accent sur la clarté stratégique, l'engagement, les mises à jour régulières, l'écoute active, l'autonomisation, la résolution des conflits et la communication inspirante. En maîtrisant ces aspects, les surintendants peuvent diriger efficacement leurs départements, améliorer l'efficacité opérationnelle et contribuer au succès global de l'organisation.

GESTIONNAIRE

Les gestionnaires, au plus haut niveau de leadership, doivent faire preuve de leadership visionnaire et de prévoyance stratégique. Leur comportement doit être caractérisé par la décisivité, une conduite éthique et un comportement inspirant, orienté vers les objectifs à long terme de l'entreprise. Les gestionnaires doivent s'habiller de manière professionnelle, reflétant leur statut de leadership et établissant une norme pour l'organisation. Leur communication doit être percutante et persuasive, articulant clairement la vision, la mission et les initiatives stratégiques de l'entreprise. Les gestionnaires représentent l'entreprise à grande échelle, souvent en interaction avec des parties prenantes externes, des partenaires et des clients. Ils doivent incarner les valeurs fondamentales et les objectifs stratégiques de l'entreprise, favorisant une culture d'excellence, d'innovation et de responsabilité sociale.

GESTIONNAIRES : MANIÈRES

Les **gestionnaires** occupent des postes de leadership de haut niveau et sont responsables de guider l'organisation vers ses objectifs à long terme. Leurs manières influencent de manière significative la culture de l'entreprise et son succès global.

Leadership visionnaire : Les gestionnaires doivent incarner un leadership visionnaire, en définissant une direction claire pour l'organisation et en inspirant les autres à suivre.

Intégrité : Faire preuve d'une intégrité inébranlable dans toutes les actions et décisions favorise la confiance et établit une base éthique solide pour l'ensemble de l'organisation.

Empowerment : Responsabiliser les subordonnés en faisant confiance à leurs capacités et en leur donnant de l'autonomie encourage l'innovation et la responsabilité.

Résilience : Les gestionnaires doivent faire preuve de résilience, en restant calmes et positifs face aux défis et aux revers, instillant ainsi la confiance dans leurs équipes.

Décision : Les gestionnaires doivent prendre des décisions rapides et éclairées pour maintenir l'élan et faire avancer l'organisation.

Pensée stratégique : Les gestionnaires doivent constamment penser de manière stratégique, en tenant compte des implications à long terme tout en répondant aux besoins immédiats.

Humilité : Malgré leur position élevée, les gestionnaires doivent rester humbles, en reconnaissant les contributions de leur équipe et en étant ouverts aux retours et aux nouvelles idées.

GESTIONNAIRES : MODE DE COMMUNICATION

Une communication efficace au niveau managérial implique d'influencer, d'inspirer et de guider l'organisation vers ses objectifs stratégiques.

Communication stratégique : Les gestionnaires doivent communiquer clairement la vision, la mission et les objectifs stratégiques de l'entreprise, assurant un alignement à tous les niveaux de l'organisation.

Messages inspirants : Utiliser des messages inspirants pour motiver les employés aide à renforcer un fort sentiment de but et d'engagement envers les objectifs de l'entreprise.

Communication transparente : Les gestionnaires doivent maintenir une transparence dans leur communication, en partageant ouvertement les raisons derrière les décisions clés et les changements organisationnels.

Délégation efficace : Déléguer clairement les tâches et les responsabilités permet aux gestionnaires de se concentrer sur la planification stratégique tout en responsabilisant les subordonnés pour exécuter les tâches opérationnelles.

Écoute active : Pratiquer l'écoute active pour comprendre les perspectives et les préoccupations des employés à tous les niveaux aide les gestionnaires à prendre des décisions éclairées et à instaurer la confiance.

Mises à jour régulières : Fournir des mises à jour régulières sur les performances de l'entreprise, les tendances du marché et les initiatives stratégiques permet de tenir les employés informés et engagés.

Résolution des conflits : Les gestionnaires doivent gérer les conflits de manière diplomatique, en utilisant leur autorité pour arbitrer les différends et favoriser un environnement de travail harmonieux.

EXEMPLES DE COMMUNICATION EFFICACE POUR LES GESTIONNAIRES

Allocutions à l'échelle de l'entreprise : Tenir des allocutions trimestrielles à l'échelle de l'entreprise pour informer les employés des objectifs stratégiques, célébrer les réalisations et discuter des orientations futures favorise un sentiment d'unité et de but partagé.

Retraites de leadership : Organiser des retraites de leadership pour la haute direction afin de s'aligner sur les initiatives stratégiques et d'élaborer des plans d'action cohérents garantit que tout le monde travaille vers les mêmes objectifs à long terme.

Revue stratégique : Conduire des revues stratégiques régulières pour évaluer les progrès des initiatives à long terme et apporter les ajustements nécessaires maintient l'organisation agile et réactive aux changements.

Systèmes de rétroaction (Feedback) : Mettre en place des systèmes de rétroaction robustes, tels que des enquêtes annuelles et des boîtes à suggestions, permet aux employés de donner leur avis et de contribuer à la direction stratégique de l'entreprise.

Programmes de reconnaissance : Établir des programmes de reconnaissance qui récompensent les employés pour leurs contributions aux initiatives stratégiques renforce les comportements souhaités et motive l'excellence continue.

Plans de communication de crise : Élaborer et exécuter des plans de communication de crise efficaces garantit que l'organisation reste résiliente et réactive en période de défis.

Programmes de mentorat : Créer des programmes de mentorat où les gestionnaires encadrent les futurs leaders au sein de l'organisation assure le développement des talents et la continuité du leadership.

En résumé, les gestionnaires doivent faire preuve de leadership visionnaire, d'intégrité, de responsabilisation, de résilience, de décisivité, de pensée stratégique et d'humilité. Leur mode de communication doit se concentrer sur la communication stratégique, les messages inspirants, la transparence, la délégation efficace, l'écoute active, les mises à jour régulières et la résolution des conflits. En maîtrisant ces aspects, les gestionnaires peuvent diriger efficacement leurs organisations, assurer le succès stratégique et favoriser une culture d'excellence et d'innovation.

En conclusion, les leaders à tous les niveaux doivent se comporter avec intégrité et compétence, s'habiller de manière appropriée à leur rôle et communiquer efficacement. Les superviseurs doivent se concentrer sur l'accessibilité et la praticité, les surintendants sur la stratégie et la collaboration, et les gestionnaires sur le visionnaire et l'inspiration. Chaque niveau de leadership doit incarner et représenter les valeurs et les objectifs de l'entreprise, assurant une organisation cohérente et motivée.

Naviguer Dans Le Changement Et L'Amélioration

Gérer le Changement et Rester à Jour

Gérer le changement efficacement nécessite des **leaders** qu'ils maintiennent une flexibilité et une mentalité proactive. Les leaders devraient commencer par adopter une mentalité de croissance, reconnaissant que le changement est une opportunité d'amélioration plutôt qu'une perturbation. Pour ce faire, il est crucial de rester informé des tendances de l'industrie, des technologies émergentes et des évolutions du marché. Assister régulièrement à des conférences de l'industrie, à des webinaires et à des événements de réseautage peut fournir des informations précieuses et garder les leaders informés des derniers développements. De plus, s'abonner à des publications pertinentes, suivre des leaders d'opinion sur les réseaux sociaux et participer à des groupes professionnels peut aider les leaders à rester à la pointe.

Une **communication efficace** est essentielle pour gérer le changement. Les **leaders** doivent communiquer clairement et de manière cohérente les raisons du changement, en veillant à ce que tous les membres de l'équipe comprennent la vision et les avantages de la transition. Il est important d'impliquer les membres de l'équipe dans le processus de changement, de solliciter leurs retours et de répondre à leurs préoccupations. Cette approche inclusive facilite non seulement la transition mais aussi favorise un sentiment d'appropriation et d'engagement parmi les employés. Des mises à jour régulières et une communication transparente aident à gérer les attentes et à réduire la résistance au changement.

S'adapter au changement implique également un apprentissage continu et le développement des compétences. Les leaders doivent encourager une culture de l'apprentissage au sein de leurs équipes, en offrant des opportunités de développement professionnel et de formation. Tirer parti des cours en ligne, des ateliers et des programmes de formation internes peut aider les membres de l'équipe à acquérir de nouvelles compétences et à rester pertinents dans leurs rôles. Les leaders doivent également donner l'exemple en poursuivant leur propre apprentissage et développement, démontrant ainsi l'importance de rester à jour. En outre, il est important de favoriser la résilience et l'agilité au sein de l'équipe. Les leaders doivent responsabiliser les employés à prendre des initiatives et à prendre des décisions, en promouvant une culture d'innovation et d'adaptabilité.

Cela peut être réalisé en fixant des objectifs clairs, en fournissant les ressources nécessaires et en reconnaissant et récompensant les efforts qui contribuent à une gestion réussie du changement. En résumé, gérer le changement et rester à jour nécessite des leaders qu'ils adoptent une mentalité de croissance, maintiennent une communication efficace, promeuvent l'apprentissage continu et favorisent une culture de résilience et d'agilité. En restant informés à travers divers canaux et en impliquant leurs équipes dans le processus, les leaders peuvent gérer efficacement le changement et garantir que leur organisation reste compétitive dans un environnement commercial en évolution rapide.

Amélioration Continue

Les **leaders**, qu'ils soient dans de nouveaux postes ou des postes établis, peuvent continuer à promouvoir les améliorations en favorisant une culture d'apprentissage continu et d'adaptabilité. Dans de nouveaux rôles, les leaders doivent commencer par comprendre en profondeur les processus existants, les forces et les faiblesses de leurs équipes. Ils peuvent y parvenir en s'engageant avec les membres de l'équipe, en sollicitant leurs avis et en valorisant leurs idées. En promouvant une communication ouverte et en écoutant activement, les leaders peuvent identifier les domaines nécessitant des améliorations et développer des stratégies pour y remédier. Mettre en œuvre des changements progressifs et fixer des objectifs clairs et réalisables peut aider à progresser régulièrement. De plus, les leaders doivent investir dans des opportunités de développement professionnel pour leur équipe, en encourageant l'amélioration des compétences et en restant à jour avec les tendances et les meilleures pratiques de l'industrie.

Pour les **leaders** dans des postes établis, maintenir l'élan des améliorations implique de revisiter et de réévaluer régulièrement les stratégies et processus existants. Ces leaders doivent encourager l'innovation en créant un environnement où les membres de l'équipe se sentent à l'aise pour partager de nouvelles idées et expérimenter des approches novatrices. L'amélioration continue peut également être soutenue en utilisant des données et des indicateurs pour suivre les progrès, identifier les domaines à affiner et célébrer les succès. En restant flexibles et ouverts au changement, les leaders établis peuvent s'adapter aux nouveaux défis et opportunités, assurant une croissance et un développement durables. S'engager dans des boucles de rétroaction régulières et favoriser un esprit de collaboration peut renforcer davantage l'engagement de l'équipe envers l'amélioration continue.

www.ingramcontent.com/pod-product-compliance
Lightning Source LLC
Chambersburg PA
CBHW071830210526
45479CB00001B/70